GIRA BRASIL

Danças circulares brasileiras

Editora Appris Ltda.
1.ª Edição - Copyright© 2021 dos autores
Direitos de Edição Reservados à Editora Appris Ltda.

Catalogação na Fonte
Elaborado por: Josefina A. S. Guedes
Bibliotecária CRB 9/870

T693g
2021
	Torres, Allan Kardec Sousa
	    Gira Brasil : danças circulares brasileiras / Allan Kardec Sousa Torres. - 1. ed. - Curitiba : Appris, 2021.
	    129 p. ; 21 cm.
	
	    Inclui bibliografia.
	    ISBN 978-65-250-1307-7
	
	    1. Danças folclóricas brasileiras. 2. Dança na educação. 3. Cultura popular – Brasil. I. Título. II. Série.
	
	                                                    CDD – 793.31

Livro de acordo com a normalização técnica da ABNT

Appris *editora*

Editora e Livraria Appris Ltda.
Av. Manoel Ribas, 2265 – Mercês
Curitiba/PR – CEP: 80810-002
Tel. (41) 3156 - 4731
www.editoraappris.com.br

Printed in Brazil
Impresso no Brasil

Allan Kardec Sousa Torres

GIRA BRASIL
Danças circulares brasileiras

FICHA TÉCNICA

EDITORIAL	Augusto V. de A. Coelho
	Marli Caetano
	Sara C. de Andrade Coelho
COMITÊ EDITORIAL	Andréa Barbosa Gouveia (UFPR)
	Jacques de Lima Ferreira (UP)
	Marilda Aparecida Behrens (PUCPR)
	Ana El Achkar (UNIVERSO/RJ)
	Conrado Moreira Mendes (PUC-MG)
	Eliete Correia dos Santos (UEPB)
	Fabiano Santos (UERJ/IESP)
	Francinete Fernandes de Sousa (UEPB)
	Francisco Carlos Duarte (PUCPR)
	Francisco de Assis (Fiam-Faam, SP, Brasil)
	Juliana Reichert Assunção Tonelli (UEL)
	Maria Aparecida Barbosa (USP)
	Maria Helena Zamora (PUC-Rio)
	Maria Margarida de Andrade (Umack)
	Roque Ismael da Costa Güllich (UFFS)
	Toni Reis (UFPR)
	Valdomiro de Oliveira (UFPR)
	Valério Brusamolin (IFPR)
ASSESSORIA EDITORIAL	Lucas Casarini
REVISÃO	Andrea Bassoto Gatto
PRODUÇÃO EDITORIAL	Juliana Adami
DIAGRAMAÇÃO	Daniela Baumguertner
CAPA	Daniela Baumguertner
COMUNICAÇÃO	Carlos Eduardo Pereira
	Débora Nazário
	Karla Pipolo Olegário
LIVRARIAS E EVENTOS	Estevão Misael
GERÊNCIA DE FINANÇAS	Selma Maria Fernandes do Valle

Dedico este livro a minha esposa, Patricia Luna Torres, cuja presença foi essencial para a conclusão desta obra. Grato pela sua compreensão e por estar sempre ao meu lado, compartilhando angústias, alegrias e tristezas, e estendendo sempre a sua mão, não apenas em momentos difíceis, mas em todos os momentos.

Dedico, também, ao meu pai, Valdivino de Barros Torres (in memoriam), que me ensinou como se reerguer diante das adversidades da vida. E ao meu irmão, Alexandre Sousa Torres (in memoriam), um exemplo de ser humano íntegro e ético.

AGRADECIMENTOS

Agradeço primeiro a Deus, por ter me mantido na trilha certa com saúde e forças até o final da obra. Aos meus pais, Honorina Oliveiras Sousa Torres, Valdivino de Barros Torres (*in memoriam*), que me deram a vida e me ensinaram a vivê-la com dignidade. E, especialmente, à minha esposa e incondicional companheira, Patricia Luna Torres, e ao meu filho, Rafael Luna Torres, que se mantiveram incansáveis com suas manifestações de apoio e carinho. Enfim, agradeço todos os dias da minha vida pela oportunidade de evoluir, conhecer pessoas novas, sonhar e realizar os meus sonhos.

A dança é...

uma manifestação artística que tem o corpo como instrumento de criatividade. É a arte de mexer o corpo através de uma cadência de movimentos, seguindo um determinado ritmo, com harmonia própria. Geralmente, vem acompanhada de uma música, mas é possível colocar a dança em prática sem música também. A vida se apresenta em diferentes ritmos e, muitas vezes, não permite nem ensaio. Com isso devemos dançar e viver intensamente antes que termine o espetáculo e findem os aplausos.

Allan Kardec Sousa Torres

APRESENTAÇÃO

Este livro, escrito sob forma de coletânea, sobre as danças populares brasileiras, em especial as praticadas em roda, inclui um processo de reflexão sobre a cultura popular de tradição na educação, colocando em prática um processo de sistematização e produção do conhecimento, tendo como objetivo aprofundar algumas constatações sobre o assunto dança e cultura popular, e a sua relação com a educação, a Educação Física e a pedagogia em geral (formal e informal).

Em busca de uma prática pedagógica criativa e transformadora que incentive a autonomia do educador e dos educandos, coloca-se em prática a dança popular brasileira, em especial as praticadas em roda, não como obrigação ou sacrifício, mas como um meio de acesso ao conhecimento da cultura popular de tradição, rompendo paradigmas do movimento em que os educandos podem ampliar e produzir vivências e conceitos sobre a consciência corporal.

Nos primeiros capítulos constam conceitos e definições de Dança (capítulo 1), Danças Circulares (capítulo 2), Danças Folclóricas (capítulo 3), Danças Folclóricas Brasileiras (capítulo 4) e Danças Circulares Brasileiras (capítulo 5), buscando, assim, melhor entendimento sobre o assunto. Com isso, contribuímos com processo de ensino-aprendizagem, auxiliando o educando na construção do seu conhecimento e o educador enquanto recurso pedagógico.

Ao descrevermos as danças no capítulo 7, colocamos de forma resumida um breve conceito sobre a dança e, em seguida, um exemplo de coreografia, com o uso de desenhos, auxiliando em uma melhor compreensão e aplicação pedagógica.

A proposta de colocar em prática a dança popular brasileira, em especial a praticada em roda, prepara o corpo e a mente dos educandos de modo mais livre, por meio de movimentos espontâneos, que serão colocados em pauta a partir do capítulo 8, Danças Circulares Brasileiras e Educação.

Nesse capítulo falaremos, também, de valores e aspectos educativos da dança folclórica brasileira (motor, moral social e cultural). As Danças Circulares Brasileiras na Educação Formal e as Danças Circulares Brasileiras na Educação Informal são vistas nos capítulos 09 e 10, sendo a dança circular brasileira colocada como prática educativa, com o objetivo de resgatar, de forma espontânea, as manifestações expressivas da nossa cultura.

Diante disso, dançar torna-se importante para o educando e o educador deve ter uma atitude consciente na busca de uma prática pedagógica mais coerente com a realidade sobre a dança e a cultura popular, levando o educando a desenvolver sua capacidade criativa, contribuindo de maneira decisiva para a formação de cidadãos críticos autônomos.

Esperamos que a abordagem do tema Danças Circulares Brasileiras possa contribuir de forma afetiva para o seu conhecimento, análise e compreensão sobre o assunto. Convidamos o leitor a se deleitar com uma obra composta por uma coletânea (pequena) de danças brasileiras praticadas em roda, promovendo, assim, os valores delas, em sua significância e perspectivas artísticas-culturais, socioculturais e possibilidades educacionais, facilitando o aprendizado e tornando-o mais prazeroso.

PREFÁCIO

"Um dia é da caça, outro do caçador". Um provérbio que passou por minha cabeça assim que recebi o convite de redigir esse prefácio. Uma honra. Uma alegria. Mas, sobretudo, a satisfação em me dar conta de que dança e folclore persistem pelas mãos de Allan Kardec Sousa Torres.

Desde a educação infantil nos anos 1970, quando o nacionalismo vigente incentivava a prática e o estudo das manifestações folclóricas das cinco regiões do Brasil, admiro e valorizo o tema. Pequena, divertia-me com parlendas, ditados, provérbios, adivinhas e brincadeiras.

Nos anos 1980 tive oportunidade de fazer um curso sobre folclore no Museu do Folclore, na época situado no Parque do Ibirapuera, dirigido por Rossini Tavares de Lima. Ele e Luís da Câmara Cascudo eram nossas referências, pesquisadores com extensa produção sobre as manifestações culturais brasileiras. Os dois professores faleceram no final da década de 80.

Cerca de cinco anos depois foi a vez de Maria Alice Magalhães Navarro nos deixar, outra figura importante e querida no meio. Foi a última docente de "Danças Folclóricas" na Faculdade de Educação Física da USP, pois, após a sua morte, a direção da instituição decidiu eliminar a disciplina do currículo. Por conta dessas perdas somadas à modernização do ensino, o folclore foi perdendo importância nos anos 1990 e deixado de lado no ensino superior e na formação de professores. No ano 2000, o museu foi desalojado do Ibirapuera.

Assim, assistimos à quase morte do folclore, não fosse por ações isoladas, resistência cultural pura. Por sorte, por insistência de poucos, por amor de muitos, a cultura popular continuou na pauta, no corpo e nas palavras. Veio adequação da nomenclatura, dividindo o "folclore" em "manifestações populares", "danças folclóricas" e "arte popular", e retoma-se a consciência de sua importância na educação. Com alívio, testemunhei que Allan Kardec Sousa Torres era uma daquelas pessoas especiais que continuava a difundir o assunto em faculdades, especificamente dedicado às danças folclóricas de nosso país. Depois de tantas adversidades, assim chegou "o dia do caçador" para o assunto que tanto admiramos.

Danças Circulares Brasileiras nos oferece o registro de um conteúdo precioso, vastidão cultural concentrada. Curiosos, estudiosos e gerações futuras poderão conhecer e praticar as danças de nosso povo aqui perpetuadas. O livro nos oferece, ainda, uma análise relevante sob a ótica da educação, valores e aspectos desenvolvidos. Uma reflexão necessária como cidadãos, pais, dançarinos ou educadores.

"Água mole em pedra dura tanto bate até que fura", assim é nosso autor. Plantou sua árvore, teve filho e produziu seu livro. Do menino descalço na rua de uma cidadezinha do Nordeste a docente de ensino superior, Allan Kardec Sousa Torres carregou sua bagagem, enfrentou os desafios, fundiu seus saberes, organizou-os e, agora, brinda-nos com a presente obra. Cultura, arte, dança e educação agradecem.

Carla Salvagni

Carla Salvagni é bailarina e professora especializada em dança de salão e dança esportiva desde 1987. Atuou como jurada, coreógrafa e consultora técnica na Dança dos Famosos/TV Globo por 12 anos. Coordenadora do curso de Pós-Graduação Dança: Arte, Esporte e Educação, da FMU, desde 2011.

NOTA DO AUTOR

Dançar é um estado de espírito, uma conexão íntima com o seu ser. Por meio da dança demonstramos sentimentos e emoções. A dança é uma fonte de movimentos rítmicos que são expressivos e desafiadores, sendo, assim, uma obra de arte desenhada pelo corpo.

No processo ensino-aprendizagem, a dança contribui para o desenvolvimento do movimento e para a consciência corporal, envolvendo o deslocamento e a estabilização do corpo em diversas situações, contribuindo, também, para o desenvolvimento da relação humana com o mundo. Ao dançarmos demonstramos alegrias, prazeres, gratidão, temor, respeito, poder, entre outros sentimentos.

A dança é um bom instrumento de pluralidade. Por meio dela transmitimos culturas variadas, com clareza e facilidade, utilizando-a como um sólido exercício de tolerância junto aos mais resistentes às diversidades culturais.

O Brasil, com a sua imensidão geográfica, apresenta uma fusão de diversas culturas e etnias, com frutos espalhados pelo país, muitas vezes conhecidos apenas regionalmente. Com isso fica muito difícil demonstrar de forma atrativa, para o aluno, essa diversidade cultural, por intermédio das danças folclóricas brasileiras.

Ao se tratar das danças folclóricas brasileiras, além do misto de sentimentos, demonstram diferentes maneiras de expressões combinando movimento, voz, instrumentos de percussão e objetos alegóricos que fazem parte de uma mesma expressão. Surgiram da fusão das culturas europeia, africana e indígena (entre outras), aliadas às manifestações oriundas do próprio país. É com a junção dessas culturas que se constituem grandes manifestações populares e artísticas no país. Assim, a prática dessa arte deve ser considerada uma multiplicidade de linguagens. Todos os ritmos e danças que representam essa imensidão do nosso país mostram que a cultura brasileira é única e, muitas vezes, desconhecida.

A elaboração desta obra foi pautada na proposta inicial de apresentar um material de apoio que facilite a compreensão do tema danças folclóricas brasileiras, em especial as praticadas em roda, e de oferecê-las como oportunidade de técnicas corporais, com os diferentes passos de danças pertencentes à cultura popular brasileira de diferentes regiões. A quase inexistência de obras com informações sobre o assunto pode deixar mais complicado tentar entender o que é cultura, por exemplo.

Educadores e/ou profissionais da educação em geral, precisam enxergar o quanto a dança folclórica brasileira, no nosso caso as danças praticadas em roda, é importante para o desenvolvimento corporal, estimulando o aluno por meio de um processo educativo que trabalhe a consciência corporal por meio das manifestações expressivas da nossa cultura.

Esses profissionais, investindo nos processos que apontam para a identidade histórica, social e cultural, irão reconhecer e revitalizar as potencialidades expressivas/comunicativas das pessoas sob a sua responsabilidade. E ao oferecer a oportunidade de compreender a dança folclórica brasileira como estratégia de atividade físico-recreativa, o seu praticante pode desfrutar do processo ensino-aprendizagem de modo mais prazeroso.

Assim, o educador, profissional da educação ou graduado em Educação Física, por sua vez, terá em suas mãos, uma *ferramenta* de trabalho de grande utilidade para o exercício da sua profissão. Mais do que isso, poderá valer-se das danças brasileiras como opção ou estratégia de implementação dos programas de Educação Física escolar, de educação e de lazer. Isso se aplica a todos os indivíduos, não importa a faixa etária.

Também, será um ótimo recurso que auxilia o aumento das relações interpessoais, pois contribui no desenvolvendo do intercâmbio social, a camaradagem e o espírito de crítica, pois as danças aqui apresentadas não exigem muita técnica corporal. Assim, favorece uma união mais acentuada entre educação e cultura popular de tradição.

SUMÁRIO

1
A DANÇA 23

2
DANÇAS CIRCULARES 27

3
DANÇA FOLCLÓRICA 31

4
DANÇAS FOLCLÓRICAS BRASILEIRAS 35

5
DANÇAS CIRCULARES BRASILEIRAS 37

6
DESCREVENDO AS DANÇAS 41
   6.1 ARARUNA 41
   6.2 CARIMBÓ 47
   6.3 CACURIÁ 53
   6.4 CANA-VERDE 60
   6. 5 CARANGUEJO 64
   6.6 CIRANDA 69
   6.7 CÔCO 71
   7.8 SIRIÁ 75

7
DANÇAS CIRCULARES BRASILEIRAS E EDUCAÇÃO 81
   7.1 VALORES E ASPECTOS EDUCATIVOS DA DANÇA FOLCLÓRICA
   BRASILEIRA 84
      7.1.1 Aspecto motor 84

7.1.2 Aspecto moral 86

7.1.3 Aspecto social 87

7.1.4 Aspecto cultural 89

8

DANÇAS CIRCULARES BRASILEIRAS NA
EDUCAÇÃO FORMAL 91

9

DANÇAS CIRCULARES BRASILEIRAS NA EDUCAÇÃO INFORMAL 103

10

CONSIDERAÇÕES FINAIS 109

11

RESUMÃO 119

REFERÊNCIAS 123

SOBRE O AUTOR 127

A DANÇA

A dança se faz presente na história da humanidade desde os tempos mais remotos, sendo utilizada em rituais fúnebres, religiosos, conquista pessoais e grupais ou festas. Pode ser utilizada como expressão artística, atividade física, momento lúdico/recreativo e atividade profissional, dentre muitas opções que envolvam a música, o corpo humano e a interação com o meio ambiente em que o homem se encontra, podendo ser apresentada de maneira individual ou coletiva.

De acordo com Garcia e Haas (2003), citado por Barbon (2011), a dança é como uma arte, que significa expressão gestual e facial por meio de movimentos corporais, emoções sentidas a partir de determinado estado de espírito.

A dança pode ser definida como uma organização rítmica do movimento e, assim, sua prática e sua história são ligadas à música, embora ambas as atividades possam existir de modo separado.

Na história da dança, a procura de um gesto por meio da imitação de um animal pode ocorrer em silêncio, mas, ao se compor uma sequência de movimentos do corpo, com o bater dos pés no solo e a repetição de gestos, estes podem ser acompanhados com a voz ou com palmas.

"A dança era uma exaltação da alma, onde se dançava para homenagear os Deuses, exaltar os espíritos festejar fatos e fenômenos naturais e para evidenciar conquistas pessoais e grupais" (MAZO et al., 2004, p. 164).

Antes, com movimentos mais soltos e naturais, não haviam formas diferentes e sistematizadas que definiam as manifestações corporais (balé, dança, moderna, contemporâneo etc.). "Atualmente essas formas sistematizadas de danças são praticadas por pessoas de diferentes faixas etárias, gênero, sociedade e níveis culturais" (MAZO *et al.*, 2004, p. 164).

No ritmo da vida, nas sociedades, primitivas e atuais, a dança ocupa um lugar de grande destaque. Dança-se para cada evento importante da vida: nascimento, matrimônio e funeral. Há, também, danças que estabelecem o vínculo entre os membros da comunidade e o trabalho, como na lavoura, da semeadura à colheita, ou em cerimônias especiais. Existem, também, as praticadas exclusivamente por homens (danças guerreiras).

"O homem primitivo dançava por inúmeros significados: caça, colheita, alegria, tristeza... O homem dançava para tudo que tinha significado, sempre em forma de ritual" (VERDERI, 1998, p. 35).

Segundo Robatto (1994) (citado por LEAL; HASS, 2006), a dança pode ter seis funções: autoexpressão, comunicação, diversão e prazer, espiritualidade, identificação cultural, ruptura e revitalização da sociedade. Assim, podemos observar que a dança traz benefícios não somente fisiológicos, mas sociais, físicos e psicológicos, causando, assim, um grande bem-estar para a saúde em geral.

A dança é uma das atividades mais alegres e todos podem participar, desde o mais lento até o mais agitado. Os estilos devem ser atraentes e diversificados, realizados de forma gradual, e promover a aproximação social, sendo desenvolvidos, de preferência, coletivamente, respeitando as individualidades de cada um.

Percebemos, assim, que a dança deve ser vista além de meros movimentos e gestos corporais. Ela deve ser entendida como a expressão de interesses e desejos de um povo que encontrou na dança uma maneira de suprir suas necessidades físicas, sociais e mentais.

Figura 1 – Alguns estilos de danças

Fonte: elaboração do autor

A dança percorreu um longo caminho até ocupar espaço como um recurso para a prática pedagógica. Muito influenciada pelas novas condições sociais e o avanço tecnológico, fez surgir novas propostas de arte enquanto forma de educação.

Podemos perceber tais influências por meio de novos recursos musicais e instrumentais e, também, pelo fato de a sociedade atual ter mais acesso a eventos culturais envolvendo a dança, o que, antigamente, era restrito às altas sociedades.

2

DANÇAS CIRCULARES

Figura 2 – Alguns estilos de danças

Fonte: https://images.app.goo.gl/cbCCEdyyW4tGCLDb6

Quando se fala em danças circulares em qualquer lugar do mundo onde essa prática é conhecida, tem-se como principal referência o nome de Bernhard Wosien, bailarino, pedagogo da dança, desenhista e pintor, que dedicou muitos anos de sua vida a coletar danças étnicas, desde 1976, quando visitou a Comunidade de Findhorn, no norte da Escócia, e pôde ensinar, pela primeira vez, uma coletânea de danças folclóricas para os residentes.

De Findhorn até os dias atuais é notável a expansão das Danças Circulares, que no início da década de 90, chegaram ao

Brasil e se espalharam, formando rodas em parques, escolas, universidades, hospitais, órgãos públicos, ONGs, instituições e empresas dos mais variados segmentos.

É importante lembrar que em todas as tribos e em todas as épocas a Dança Sagrada fez parte dos rituais de suas comunidades. O círculo, símbolo universal, tendo como centro, muitas vezes, o fogo ou objetos sagrados, como talismãs e flores, representava o espaço da comunidade para celebrar rituais de passagem, como nascimento, casamento, morte e outros momentos importantes da vida humana.

A Dança Circular Sagrada não é, portanto, uma invenção dos tempos modernos. Pelo contrário, é apenas o resgate de uma prática ancestral muito antiga e profunda, vestida para os tempos atuais.

> Ao dançar, o mundo é de novo circulado e passado de mão em mão. Cada ponto na periferia do círculo é ao mesmo tempo um ponto de retorno. Se dançarmos uma dança matinal, saudando o nascer da aurora dançando, perceberemos, quando nos movimentamos ao longo do círculo, como as nossas sombras, neste circular singular, também descrevem um círculo. Assim, percebemos que giramos 360 graus. Sentimos na caminhada uma mudança através da reviravolta conjunta. (WOSIEN, 2000. p. 120).

Dançando em círculo os participantes têm atitudes cooperativas, auxiliando uns aos outros, superando erros e manifestando o melhor de cada um. Assim, todos são importantes para a realização da dança.

De acordo com Possarle (2009), as danças circulares chegaram ao Brasil em meados da década de 80, por meio de Sara Marriot, uma senhora, ex-residente de Findhorn que veio residir no Centro de Vivencias Nazaré, em Nazaré Paulista, no interior de São Paulo. Como Nazaré foi inspirada em Findhorn e mantinha muitas práticas de trabalho e sintonia grupal, as danças circulares se encaixaram com perfeição no dia a dia da comunidade. Nesse local foi criada a Dança e Meditação, em que as danças eram compartilhadas com muita profundidade, como um caminho de autodesenvolvimento por meio do movimento. A partir de Nazaré, as danças se disseminaram pelo Brasil.

Figura 3 – Bernhard Wosien

Fonte: Possarle, 2009

As danças de roda, na vida cultural brasileira, possuem presença marcante, com tradições ancestrais marcadas pela mistura influências indígenas, afro e europeias. Estão presentes na cultura popular, de norte a sul do país, sendo que desde a infância as crianças aprendem sobre cirandas, como brincadeira e como práticas culturais, dentro e fora da escola.

Assim, as danças circulares brasileiras têm se apresentado por praças, escolas e centros culturais, por intermédio de grupos independentes e, também, de instituições públicas e privadas. O objetivo é reunir pessoas para vivenciar experiências rítmicas em conjunto, em que a música e a dança apresentam possibilidades afetivas, subjetivas e educativas de construção de uma cultura, na qual os corpos em movimento se tocam e se confraternizam, repensando e reposicionando formas de sociabilidades e de práticas culturais na contemporaneidade.

3

DANÇA FOLCLÓRICA

A dança, segundo Portinari (1989), sempre existiu na qualidade de elemento constitutivo e integrante de inúmeros rituais religiosos, guerreiros e fúnebres dos povos primitivos, tais como egípcios, astecas e bantus, dentre outros.

De acordo com Guimarães (2002, p. 136), "a dança parece ser, segundo estudiosos, uma das manifestações culturais mais antigas do homem, que a ela recorria, por exemplo, para agradecer às entidades sobrenaturais".

Entende-se por Dança Folclórica:

> Expressões populares desenvolvidas em conjunto ou individualmente, que tem na coreografia o elemento definidor. Nos seus primórdios eram manifestações exclusivamente coletivas, com os dançadores organizados em círculos, fazendo todos, simultaneamente, os mesmos movimentos, às vezes com um solista no centro do círculo. As danças desenvolvidas aos pares, sobretudo os "enlaçados", revelam a influência do elemento colonizador (FRADE, 1991, p. 37).

A Dança Folclórica possui variados aspectos que, ao mesmo tempo, refletem e emanam as diferenças entre os grupos. As variações musicais, conforme a região em que são executadas, também fazem parte desse acervo ou conjunto de alterações que podem determinar as diferenças entre as diversas expressões.

Pode-se dizer que a dança é um fato folclórico completo, pois

[...] é manifestação espontânea de uma coletividade. Sendo, portanto, coletiva e aceita pela sociedade onde subsiste; tem como cenário comum às ruas, os largos, praças públicas e possui estrutura própria através da reunião de seus participantes e ensaios periódicos. (MEGALE, 1999, p. 93).

De acordo com Almeida(1974), citado por Barbon (2011), no folclore, a dança, assim como os cantos, coros e exclamações em que se cumpriam os ritos necessários ao equilíbrio entre os seres terrenos e as invisíveis forças da magia, aos poucos deixou de ser cerimônia e se tornou diversão e entretenimento em forma de arte.

As manifestações folclóricas são vivencia-das no cotidiano de tantas pessoas nesse imenso Brasil e se apresentam a partir dos diferentes gestos, sons, imagens, versos, canções, vocabulários, danças, brinquedos, comidas, entre tantas outras expressões. (GOIS citado por VIEIRA, 2014, p. 03).

As danças folclóricas são as manifestações que repre-sentam os costumes e as crenças dos povos de cada região de um determinado país e que se diferenciam por suas histórias, constituindo a cultura ao longo tempo. Assim, de acordo com Bregolato (2006) citado por Barbon (2011), as danças folclóricas são praticadas desde o surgimento dos povos mais remotos e a elas eram atribuídos diferentes significados que expressavam a vida cotidiana dessas civilizações.

No Brasil, devido à grande variedade dos povos que trou-xeram as tradições dos seus países de origem, como portugue-ses, africanos, holandeses e espanhóis, que aqui se misturaram com os índios, a dança folclórica apresenta-se de forma exuberante, mostrando as características específicas de diferentes etnias que a compõe, nas regiões onde é executada.

DANÇAS FOLCLÓRICAS BRASILEIRAS

As danças folclóricas brasileiras, além de características regionais, que são demonstradas por meio da indumentária, dos instrumentos e da música que acompanha e sua evolução coreográfica, sofrem e/ou apresentam de forma implícita (ou não) o processo de miscigenação do índio, do negro e do colonizador europeu como forte fator para a profusão dos ritmos e danças, gerando uma grande diversidade entre as diversas manifestações dentro delas mesmas.

Segundo Megale (1999, p. 93), as danças folclóricas brasileiras, não só pela quantidade e variação, mas também pela sua frequência, são "as expressões mais fiéis de nosso espírito musical". Elas apesentam diferentes formas de dançar, cantar e contar histórias sobre a dança, e até as relações que o seu praticante estabelece com esse universo estão diretamente ligadas aos saberes e experiências que cada um tem ao vivenciar a prática da dança.

Devido às diferentes influências étnicas, o Brasil apresenta um vasto panorama de danças folclóricas, revelando aculturação europeia em algumas danças (como o fandango) e traços da cultura negra (como maracatu) e nativa em outras (como o caiapó). De acordo com Pereira (1986, p. 63),

> a dança folclórica brasileira pode ser de roda, de fileiras frente a frente, de pares, de solista. Nela se encontra umbigada, sapateado, palmeados, castanholas com as pontas dos dedos. Tem várias funções, como a religiosa. Nunca será a dança da moda.

Figura 4 – Mapeando as danças folclóricas brasileiras

Fonte: elaboração do autor

A dança folclórica brasileira faz parte da cultura popular que é aprendida, aceita e transmitida de maneira informal. As diferentes formas coreográficas apresentadas revelam, em última análise, a cultura regional do povo brasileiro, e contribuem para a formação do caráter humano do praticante e da comunidade à qual pertence.

No ambiente escolar, a dança folclórica brasileira pode ser uma grande colaboradora para o desenvolvimento motor e das qualidades mentais e sociais, facilitando o aprendizado e servindo de fonte de observação do educador sobre as preferências do praticante e como desenvolvê-las. Assim, a grande variedade das danças folclóricas brasileiras trabalha não somente o movimento, mas revela a cultura regional e contribui para formação do caráter humano do praticante e da comunidade em seu entorno.

DANÇAS CIRCULARES BRASILEIRAS

No Brasil, as danças circulares correm pelas manifestações populares e se destacam pelo ambiente em que se desenvolvem. É uma prática que reúne vários tipos de danças tradicionais ou folclóricas. As coreografias, formações, musicalidade e instrumentos utilizados são repassados de geração para geração com o objetivo de perpetuação da prática cultural.

> Dançar em círculo é, talvez, a primeira técnica de dança que podemos mencionar. A dança em círculo é universal e praticada tanto por povos primitivos quanto por contemporâneos nossos, como é possível observar em muitas danças populares praticadas por crianças ou por adultos. Ao que tudo indica, a dança circular provém de ritos primitivos muito antigos que, com o passar do tempo e da evolução humana, ganharam novos significados (GUIMARÃES, 2002, p. 136).

Na vida cultural brasileira, as danças circulares possuem presença marcante, com tradições ancestrais marcadas pela mistura e hibridismo de influências indígenas, afro-brasileiras e europeias. Há muitas expressões consideradas populares brasileiras em que as danças circulares estão presentes, de norte a sul do país, sendo que desde a infância as crianças aprendem sobre cirandas como brincadeira e como prática cultural, dentro e fora da escola.

No Brasil existem artistas e pesquisadores que mesclam o movimento das danças circulares com investigações e criações que dialogam com as culturas e danças brasileiras, estudando sua história, fazendo releituras, inventando novos passos e coreografias, divulgando nossas músicas, danças e artes em geral.

Figura 5 – Dançando ciranda

Fonte: elaboração do autor

De acordo com Borges (2013), no Brasil, as danças circulares apresentadas por meio das manifestações populares se destacam pelo ambiente em que se desenvolvem. As coreografias, formações, musicalidade e instrumentos utilizados são repassados de pai para filho com o objetivo de perpetuação da prática cultural.

A partir do diálogo com nosso referencial cultural, colocamos em prática diferentes significados que as danças circulares brasileiras podem nos apresentar — Figura 6 —, possibilitando, assim, a leitura de um conjunto de significações, proporcionando uma visão mais completa.

Figura 6 – Danças circulares brasileiras e seus significados

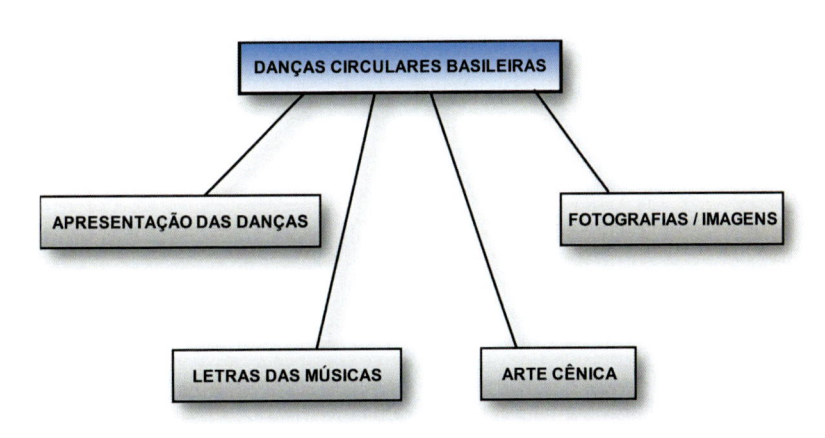

Fonte: elaboração do autor

Ressaltamos que a Figura 6 foi estruturada para fins didáticos de melhor compreensão sobre as danças circulares brasileiras, buscando, assim, uma prática pedagógica com a dança, levando o seu praticante a desenvolver sua capacidade criativa numa descoberta pessoal de suas habilidades, contribuindo para a formação de cidadãos críticos e possibilitando uma melhora significativa em seu comportamento social, além de desenvolver os aspectos cognitivos e motor.

A proposta deste livro é apresentar as danças brasileiras, em especial as praticadas em roda, facilitando a compreensão do tema, oferecendo-as como oportunidade de técnicas corporais, com diferentes passos de danças pertencentes à cultura popular brasileira de diferentes regiões.

E, ainda, adquirir um desenvolvimento gradativo (físico, motor e social), com mudanças positivas em seu comportamento, entre muitos outros aspectos. Assim, vai muito além de simplesmente ensinar uma coreografia, proporcionando um ambiente acolhedor, com muita alegria para todos os participantes, tornando as danças circulares brasileiras mais acessíveis.

DESCREVENDO AS DANÇAS

6.1 ARARUNA

Dança do Rio Grande do Norte, de pares formando círculos concêntricos e executando passos laterais, também conhecida como dança da colheita do arroz. De acordo com Amorim (2001), surgiu nos salões do século XIX e era dançada por todos os aristocratas na época da colheita, marcando o seu estilo, que é seguido com pequenas alterações, pois a "Araruna" passou a fazer parte também dos festejos juninos e a ser dançada não só pela classe alta, mas por toda a população.

> Dança de colheita e tipicamente de salão seme-lhante a dança do Camaleão, bastante conhe-cida no Rio Grande do Norte, mas especifica-mente em Natal, porém, encontrada também em Taperoá cidade do interior paraibano (AMORIM, 2001, p. 02).

Herdada de colonizadores portugueses, faz alusão a um pássaro de plumagem preta que invade as lavouras de arroz do Norte e Nordeste e que, ao cantar, pula de galho em galho executando uma espécie de bailado. E para proteger a planta-ção de arroz dos ataques dessas aves, costumavam espantar os pássaros gritando: "Xô, xô, xô, araruna!". Assim surgiu a dança do Araruna.

Tenho um pássaro preto Araruna

Que veio lá de Natal (BIS)

Xô, Xô, Xô, Araruna

Xô, Xô, Xô, Araruna

Xô, Xô, Xô, Araruna

A letra da música, como no decorrer da coreografia, relata as pessoas espantando o pássaro araruna para que o arroz possa crescer e, assim, acontecer a colheita. A letra não tem escrita única, podendo ser encontrada de outra forma mudando apenas a cidade de Natal pelo estado do Pará.

Sugestão coreográfica

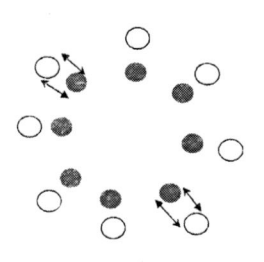

Em dois círculos, mulheres dentro e homens fora, com uma leve flexão dos joelhos, balançam o corpo ao rimo da música. Ao iniciar a música *"Tenho um pássaro preto Araruna"*, todos andam três tempos, em direção ao seu par, iniciando com a perna direita, realizando uma forma de cumprimento no quarto tempo, com o pé esquerdo à frente, encontrando-se com o ombro esquerdo.

Na segunda parte da música, *"que veio lá de Natal"*, retornam de costas, finalizando com uma leve flexão do tronco à frente. Essa parte da música repete e todos realizam o movimento de caminhada em direção ao seu par, agora iniciando com a perna esquerda, finalizando com a perna direita à frente, encontrando-se com o ombro direito. Retornam de costas, finalizando com uma leve flexão do tronco à frente.

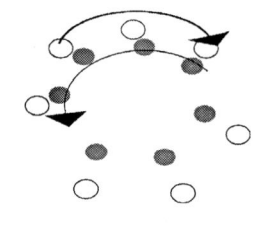

No refrão da música *"Xô, Xô, Xô, Araruna"*, todos realizam um giro para direita, em três tempos, batem palma no quarto tempo, de frente com outra pessoa diferente do seu par. Retornando, com o giro pela esquerda, *"Xô, Xô, Xô, Araruna"*, batem palma no quarto tempo, parando de frente para o seu par. Esse movimento é realizado duas vezes, seguindo o refrão da música.

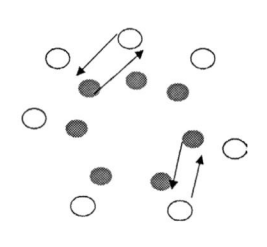

Ao reiniciar a música, *"tenho um pássaro preto Araruna"*, todos andam três tempos, em direção à pessoa que está à direita do seu par, iniciando com a perna direita, realizando uma forma de cumprimento no quarto tempo, com o pé esquerdo à frente, encontrando-se com o ombro esquerdo.

Na segunda parte da música, *"que veio lá de Natal"*, retornam de costas, finalizando com uma leve flexão do tronco à frente. Agora, caminha-se em direção à pessoa que está à esquerda do seu par, iniciando com a perna esquerda, finalizando com a perna direita à frente, encontrando-se com o ombro direito. Retornam de costas, finalizando com uma leve flexão do tronco à frente com o seu par.

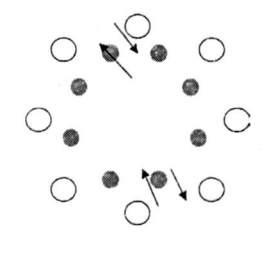

No refrão da música *"Xô, Xô, Xô, Araruna"* realizam um giro, mulheres para fora da roda e homens para dentro, em três tempos; batem palma no quarto tempo, saindo com o pé direito. Retornando, com o giro pela esquerda, *"Xô, Xô, Xô, Araruna"*, batem palma no quarto tempo, parando de frente para o seu par. Esse movimento é realizado duas vezes, seguindo o refrão da música. E finalizam de frente para o seu par.

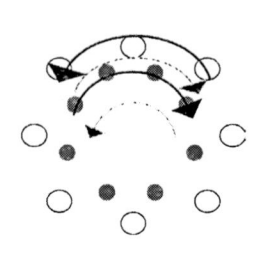

Reiniciando a música *"Tenho um pássaro preto..."*, realizando uma "corridinha", elevando o joelho até a altura da cintura. As duas rodas giram no sentido contrário, mulheres no sentido horário e homens no sentido anti-horário, em quatro tempos. Em seguida, viram e retornam ao seu lugar, realizando o mesmo passo. E param de frente para o seu par.

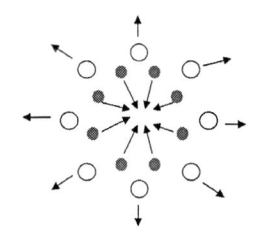

No refrão da música "*Xô, Xô, Xô, Araruna*", realizam um giro em três tempos, batem palma no quarto tempo, mulheres para o centro da roda, e os homens para fora da roda. Na segunda parte do refrão "*Xô, Xô, Xô, Araruna*", voltam girando para o seu lugar, em três tempos, batem palma no quarto tempo. Repetem esse movimento duas vezes, finalizando o movimento em duas rodas, um de frente para o outro.

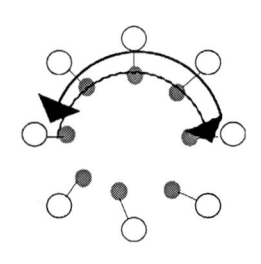

Agora de mãos dadas, ao reiniciar a música "*Tem um pássaro preto...*", cavalheiros segurando a mão esquerda da dama com a sua mão direita, deslocam-se juntos, realizando uma "corridinha", elevando o joelho até a altura da cintura, em quatro tempos. Na segunda parte da música, "*Tem um pássaro preto...*", todos se viram e retornam ao seu lugar inicial, em quatro tempos. Ao final, param de frente um para o outro, de mãos dadas.

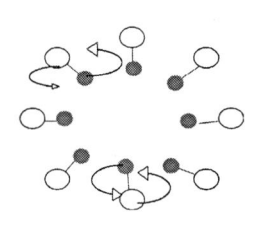

No refrão da música "*Xô, Xô, Xô, Araruna*", realizam uma troca de lugar, sem soltar as mãos, em quatro tempos, finalizando com uma forma de cumprimento entre os casais, uma leve flexão do tronco à frente. Repetem esse movimento duas vezes, seguindo refrão da música.

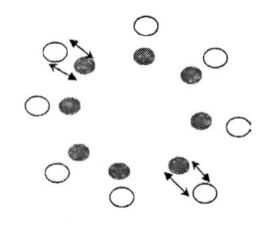

Ao iniciar a música *"Tenho um pássaro preto Araruna"*, soltam as mãos e andam em três tempos, em direção ao seu par, iniciando com a perna direita, realizando uma forma de cumprimento no quarto tempo, com o pé esquerdo à frente, encontrando-se com o ombro esquerdo.

Na segunda parte da música, *"que veio lá de Natal"*, retornam de costas, finalizando com uma leve flexão do tronco à frente. Repetem esse movimento, agora iniciando com a perna esquerda, finalizando com a perna direita à frente, encontrando-se com o ombro direito. Retornam de costas, finalizando com uma leve flexão do tronco à frente.

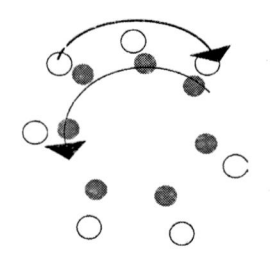

No refrão da música, *"Xô, Xô, Xô, Araruna"*, todos realizam um giro para direita, em três tempos, batem palma no quarto tempo, de frente com outra pessoa diferente do seu par. Retornando, com o giro pela esquerda, *"Xô, Xô, Xô, Araruna"*, batem palma no quarto tempo, de frente para o seu par. Esse movimento é realizado duas vezes, seguindo o refrão da música, finalizando com uma forma de cumprimento entre os casais, uma leve flexão do tronco à frente, homens com as mãos atrás das costas e mulheres segurando a barra da saia.

Figura 7 – Dançando Araruna

Fonte: elaboração do autor

6.2 CARIMBÓ

Dança que surgiu durante as festas, em que os negros cultuavam um dos seus grandes padroeiros, São Benedito. É uma das principais danças de todo o território paraense. Em Belém é praticada em qualquer festa, religiosa ou não. É fruto da criatividade dos índios tupinambás que introduziram ritmos de andamentos rápidos, sincopados e movimentados influindo na música e na coreografia da dança, que passou a ser agitada, com muitos giros e requebrados dos quadris.

CURIMBÓ: formada por duas palavras tupi.

CURI = Pau oco / m´bó = escavado

O **CURIMBÓ** é o instrumento musical que dá o ritmo à dança, sendo o principal instrumento de percussão e que deu origem ao nome da dança: **CARIMBÓ**.

A coreografia é apresentada em pares e em círculos. Quando a música começa, homens e mulheres dançam em uma grande roda e giram continuamente em torno de si mesmos e no grande círculo (NEVES, 2013 citado por FORIN, 2016).

Figura 8 – Carimbó

Dançando Carimbó
60x80cm · Óleo s/ tela · 2011

Fonte: https://br.pinterest.com/pin/318559373618965653/

Em um determinado momento da dança, um casal vai para o centro da roda para a execução da "Dança do Peru" ou "Peru de Atalaia", em que o cavalheiro deve apanhar com a boca um lenço que a dama solta no chão. Caso o cavalheiro não consiga executar tal proeza, sua companheira atira-lhe a barra da saia no rosto e, debaixo de vaias dos demais, ele é forçado a abandonar a dança. Caso consiga, é aplaudido (PARÁ, 2006 citado por FORIN, 2016).

Não existem datas e/ou períodos específicos, entretanto, nos festejos juninos e nas festas típicas do estado a dança é bastante praticada. As mulheres usam blusas que deixam ombros e barrigas à mostra, colares e pulseiras (adornos), rosas e arranjos de cabelos e saias com rodas largas e coloridas, com influência das danças de origem negra do Caribe. Os homens vestem calças curtas até os joelhos, podem estar ou não com blusas, sendo que estas podem estar amarradas na frente. Colocam colares de sementes da região e ambos ficam descalços.

Sinhá Pureza

Pinduca

Vou ensinar a sinhá pureza
A dançar o meu sirimbó
Sirimbó que remexe mexe
Carimbó da minha vovó
Vai dançando sinhá pureza
Rebolando pode requebrar

Carimbó, sirimbó é gostoso
é gostoso em Belém do Pará
Ô lêlê ô lalá
Misturei carimbó e siriá
Carimbó sirimbó é gostoso
é gostoso em Belém do Pará

Sugestão coreográfica

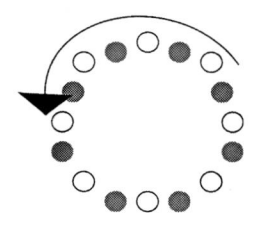

Formam uma grande roda e, ao iniciar a música, os homens dançam em direção à mulher, como se fosse pegar a barra da saia dela. E ela vai de costas, como se estivessem fugindo dele, jogando a saia para trás.

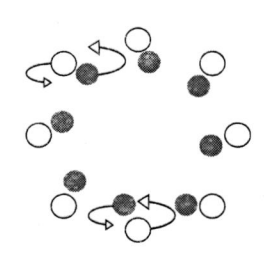

No refrão da música ambos se abraçam, com o braço direito na cintura e esquerdo no alto, giram em quatro tempos, soltam-se e giram no lugar em mais quatro tempos. Ao reiniciar o refrão da música, repetem o movimento, agora abraçados com o braço esquerdo.

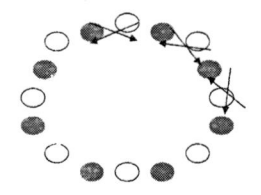

Homens e mulheres deslocam-se para frente, trocando de lugar, em oito tempos. Assim, as rodas giram em sentido contrário.

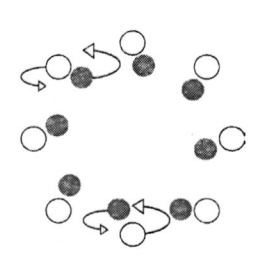

No refrão da música, ambos se abraçam com o braço direito na cintura e esquerdo no alto, giram em quatro tempos, soltam-se e giram no lugar em mais quatro tempos. Ao reiniciar o refrão da música, repetem o movimento, agora abraçados com o braço esquerdo.

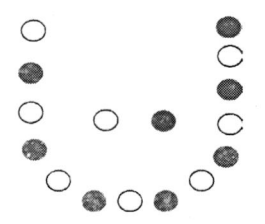

Formando um semicírculo, um casal vai ao centro e realiza o desafio do lenço. A dama joga um lenço no chão e o cavalheiro tem que pegá-lo sem utilizar as mãos.

Figura 9 – Dançando Carimbó   Desafio do lenço

Fonte:http://projetos.eeffto.ufmg.br/sarandeiros/wp-content/gallery/
carimbo/carimbo5.jpg

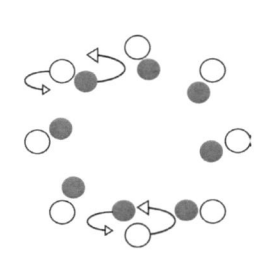

No refrão da música, ambos se abraçam com o braço direito na cintura, e esquerdo no alto, giram em quatro tempos, soltam-se e giram no lugar em mais quatro tempos. Ao reiniciar o refrão da música, repetem o movimento, agora abraçados com o braço esquerdo.

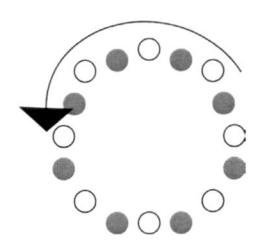

Formam uma grande roda e os homens dançam em direção à mulher, como se fosse pegar a barra da saia dela. E ela vai de costas, como se estivessem fugindo dele, jogando a saia para trás.

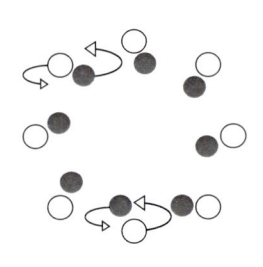

No refrão da música, ambos se abraçam com o braço direito na cintura, e esquerdo no alto, giram em quatro tempos, soltam-se e giram no lugar em mais quatro tempos. Ao reiniciar o refrão da música, repetem o movimento, agora abraçados com o braço esquerdo. Finalizam a dança com as mãos para o alto.

Figura 10 – Dançando carimbó

Fonte: elaboração do autor

6.3 CACURIÁ

É uma dança de roda animada por instrumentos de percussão, brincada nas ruas de São Luís, no Maranhão. E tem a sua origem na festa do Divino Espírito Santo, quando, após a derrubada do mastro, as caixeiras se reúnem para brincar. Utilizando-se das caixas (pequenos tambores) que acompanham a dança, animada por um cantador ou cantadora, cujos versos de improviso são respondidos por um coro formado pelos brincantes, saem às ruas de São Luís, para "lavar pratos", por meio do Carimbó das Caixeiras, Baile de Caixa, Bambaê de Caixa ou Cacuriá.

A Festa do Divino Espírito Santo acontece no domingo de Pentecostes, 50 dias depois da Páscoa. A data comemora a vinda do Espírito Santo sobre os apóstolos de Jesus Cristo e é realizada em diversas cidades do país.

Seu Lauro, artista popular que botava ruas Bumba meu boi e Tambor de Crioula, também criou, a partir da musicalidade do movimento e dos versos da festa, a Dança do Cacuriá. A ramificação do Cacuriá cresceu bastante e houve inovações, quando foram acrescentados alguns elementos na dança. Com o passar do tempo, uma senhora maranhense, apelidada de **Dona Teté**[1], passou a difundir a dança e criou novas canções, unindo as caixas a outros instrumentos, como: violão, cavaquinho, flauta e clarineta. Segundo ela, fica mais bonito.

---

[1] Dona Teté faleceu no ano de 2011, aos 87 anos de idade, vítima de um AVC.

Figura 11 – Dançando o Cacuriá

Fonte: http://wikidanca.net/wiki/index.php/Cacuriá

De acordo com Melo (2009), o Cacuriá se constitui como uma festa sem palco, em que todos se reúnem num júbilo popular. Sob forte característica sensual dos movimentos, é dançado com passos marcados e os dançarinos se utilizam principalmente do rebolado do quadril, improviso e muita interação com o público.

A dança, aparentemente, é uma ciranda, com coreografias diferentes e o ritmo um pouco mais acelerado. A coreografia interpreta a letra da música. As músicas, cantadas por todos, tratam de temas prosaicos, quase sempre regionais, como a seca, os animais nordestinos e a vegetação do sertão. A letra e a coreografia são sincronizadas. Todos são convidados para entrar na brincadeira, o que cria uma grande excitação, como muitos risos e alegrias, pois a aceitação é grande.

Sugestão coreográfica

Jabuti / jacaré

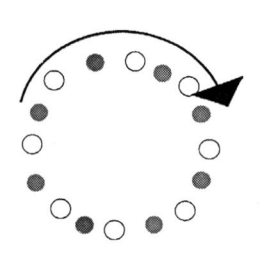

Jabuti sabe ler, não sabe escrever
Ele trepa no pau e não sabe descer
lê, lê, lê, lê, lê, lê

Todos estão em uma grande roda (homens e mulheres), que estará girando no sentido horário, todos juntos, dançando, requebrando o quadril.

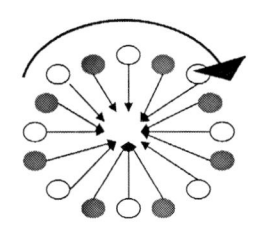

Tô entrando

Nesse momento, alguns, já escolhidos anteriormente, irão para o centro da roda.

A música reinicia...

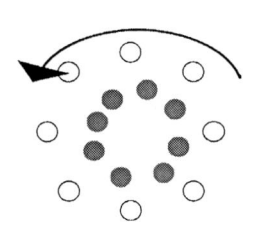

Jabuti sabe ler, não sabe escrever
Ele trepa no pau e não sabe descer
lê, lê, lê, lê, lê, lê

A roda passa a girar para o sentido anti-horário e os alunos do centro dançam de forma livre.

Tô saindo
Tô entrando

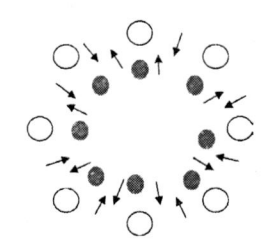

Nesse momento, quem estava no centro da roda param em frente a um dos colegas e fala "*tô saindo*", e o seu colega responde: "*tô entrando*". Os dois trocam de lugar.

A música reinicia.

Jabuti sabe ler, não sabe escrever
Ele trepa no pau e não sabe descer
lê, lê, lê, lê, lê, lê

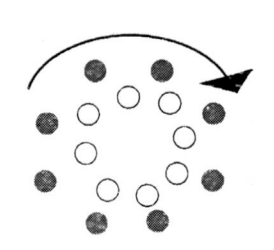

A roda passa a girar no sentido horário e todos dançam. A atividade vai nesse ritmo até o final da música.

Essa é a primeira parte da música. Ao iniciar a segunda parte da música, todos são divididos em colunas, segurando a cintura da pessoa da frente.

Jacaré Poiô

Eu sou eu sou eu sou
Eu sou jacaré poiô

Eu sou eu sou eu sou
Eu sou jacaré poiô

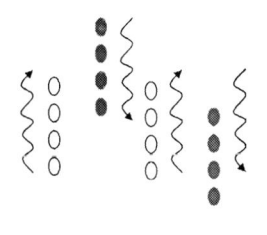

Todos são subdivididos em diferentes colunas, segurando na cintura do colega da frente e, enquanto está tocando essa parte da música, estão se deslocando em diferentes direções. O primeiro de cada coluna vai fazendo um movimento com os braços como se fosse a boca do jacaré.

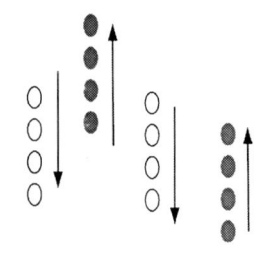

Sacode o rabo jacaré
Sacode o rabo jacaré
Eu sou jacaré poiô

Nessa parte da música todos vão para trás, segurando a sua própria cintura, requebrando, como se fosse o rabo do jacaré.

Na segunda parte dessa dança (*jacaré poiô*), ela não é circular. Essa sugestão coreográfica foi colocada para se aproveitar a música como um todo, pois não existe um tempo que separe as duas partes da música. Assim, como dança circular, utilizamos a primeira parte da música.

Bananeira / ladeira

Bananeira

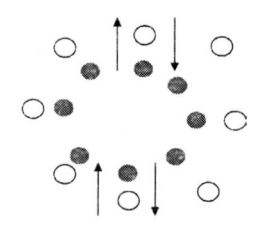

Bananeira ou bananá
Ainda ontem eu comi
Uma banana de lá   **2X**

Todos estão divididos em duas rodas, homens fora e mulheres dentro. Nesse momento da música, trocam de lugar, entrando e saindo da roda duas vezes.

Não me bota n'água
Que eu não sei nadar
A toada é a mesma
Olha lá

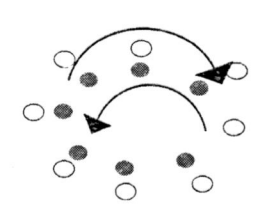

As rodas giram no sentido contrário, homens no sentido horário e as mulheres no sentido anti-horário. E param na terceira pessoa depois do seu par.

A música reinicia:

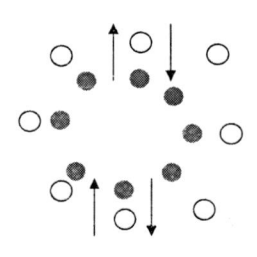

Bananeira ou banana
Ainda ontem eu comi
Uma banana de lá   **2X**

Mais uma vez, homens fora e mulheres dentro, trocam de lugar, entrando e saindo da roda duas vezes.

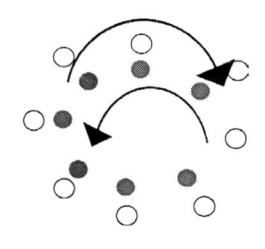

O mel é bom com cará
A toada é a mesma
Olha lá

São duas rodas que giram no sentido contrário, homens no sentido horário e mulheres no sentido anti-horário. Param na terceira pessoa depois do seu par.

Essa é a primeira parte da música e a coreografia se repete até o final. Ao final dessa parte da música, todos devem formar uma grande roda, e terá início a segunda parte da música (ladeira).

Ladeira

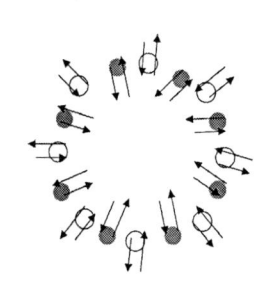

Ao inicia a música, "*escorregou, foi na ladeira*", mulheres irão para o centro da roda e homens para fora, como se estivesse escorregando e caindo, em três tempos. Repete-se o verso da música, "*escorregou, foi na ladeira*", os homens irão para o centro da roda e mulheres para fora, como se estivessem caindo.

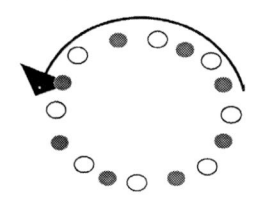

No próximo verso da música, "*e saiu remexendo, com as mãos na cadeira*", todos saem dançando com as mãos na cintura, e a roda gira no sentido anti-horário.

A música reinicia, "*escorregou, foi na ladeira*", e, novamente, as mulheres irão para o centro da roda e homens para fora, como se estivesse escorregando e caindo, em três tempos. Repete-se o verso da música "*escorregou, foi na ladeira*", os homens vão para o centro da roda e as mulheres para fora, como se estivessem caindo.

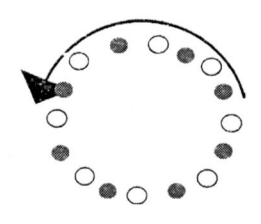

A música toca novamente, "*e saiu remexendo, com as mãos na cadeira*". Todos saem dançando com as mãos na cintura e a roda gira no sentido anti-horário.

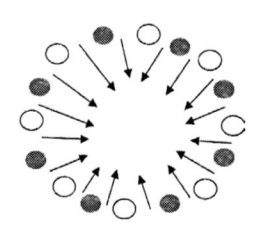

Todos repetem essa coreografia até o fim. Ao final da música, "*com as mãos nas cadeeeeiiiiras*", todos, com as mãos na cintura, dançam em direção ao centro da roda, requebrando.

6.4 CANA-VERDE

Chegou de Portugal e se tornou popular em vários estados brasileiros. Adquirindo cores locais, em cada região, produzindo variantes da dança-origem. Muito difundida no nordeste e litoral do Rio Grande do Sul. É dançada em roda, formada por dois círculos, o de homens por fora e o de damas por dentro.

De acordo com Cirne (2003), é uma dança de pares dependentes, com características do ciclo das contradanças. Durante a melodia introdutória, cada par, "de braços dados", passeia no sentido horário com passos de marcha, procurando a formação de um círculo. Com o círculo formado, as prendas realizam o "giro saudação" e, logo após, os pares aguardam a voz de comando para iniciar a dança.

Cana-verde

Barbosa Lessa
Composição: Barbosa Lessa / Paixão Cortes

Eu plantei a cana-verde
sete palmo de fundura (bis).

Não levou nem sete dia
e a cana estava madura (bis).

(Refrão)
Ai-ai! Meu Bem... [repete 4 x]

Não levou nem sete dia
e a cana 'stava madura.
Eu plantei a cana-verde
ninguém me ajudou a plantar. (bis)

Depois da cana madura
todos queriam chupar (bis).

Ai-ai! Meu Bem... [repete 4 x]

Depois da cana madura
Todos queriam chupar.

Sugestão coreográfica

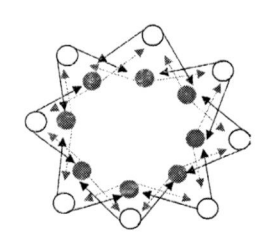

Ao iniciar a música, "*Eu plantei a cana verde*", peões e prendas deslocam-se para a direita, em quatro tempos, afastando-se do seu par, encontrando ombro esquerdo com ombro esquerdo, com outro integrante da dança. Na segunda parte da música, "*Sete palmos de fundura*", todos se deslocam para a esquerda, em quatro tempos, encontrando ombro direito com ombro direito, diferente do seu par. Realizam esse movimento duas vezes para cada lado, seguindo a letra da música.

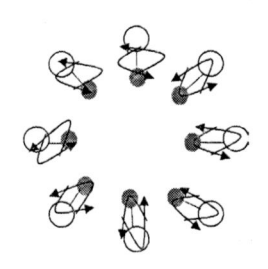

Ao iniciar o refrão da música, "*Ai-ai! Meu Bem...*", pegam o seu par pelo braço direito e realizam um giro completo em oito tempos.

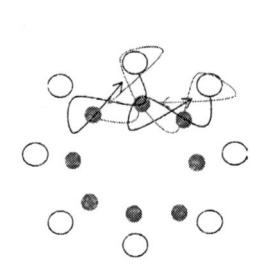

Na segunda parte do refrão, "*Ai-ai! Meu Bem...*" "*Não levou nem sete dias...*", pegam o seu par pelo braço direito, realizam meio giro e uma troca de pares, agora com o braço esquerdo, realizam um giro em oito tempos e retornam ao seu par, com o braço direito. Repetem esse movimento duas vezes, seguindo a letra da música.

Figura 12 – Dançando Cana-verde (RS)

Fonte: https://www.mundodadanca.art.br/2010/03/danca-folclorica-
-gaucha.html

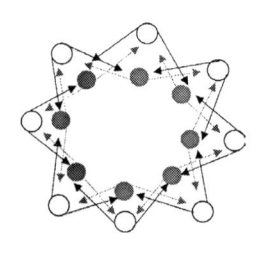

Ao reiniciar a música, *"Eu plantei a cana verde"*, peões e prendas voltam a se afastar do seu, deslocam-se para a direita, em quatro tempos, encontrando ombro esquerdo com ombro esquerdo, com outro integrante da dança.

Na segunda parte da música, *"Sete palmos de fundura"*, todos se deslocam para a esquerda, em quatro tempos, encontrando ombro direito com ombro direito, diferente do seu par. Realizam esse movimento duas vezes para cada lado, seguindo a letra da música.

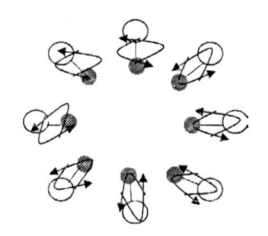

Ao iniciar o refrão da música, *"Ai-ai! Meu Bem ...."*, pegam o seu par pelo braço direito e realizam um giro completo em oito tempos.

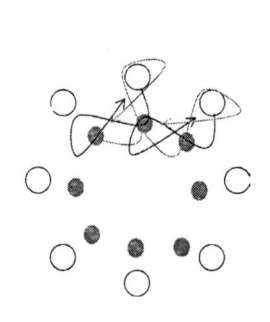

Mais uma vez, na segunda parte do refrão, *"Ai-ai! Meu Bem ..." "Não levou nem sete dias..."*, pegam o seu par pelo braço direito, realizam meio giro e uma troca de pares, agora com o braço esquerdo, realizam um giro em oito tempos e retornam ao seu par, com o braço direito. Repetem esse movimento duas vezes, seguindo a letra da música. Finalizam a dança de frente para o seu par, com uma leve flexão do tronco à frente, como forma de cumprimento.

6. 5 CARANGUEJO

Dança com características das contradanças, já foi popular em todo o país e sobre ela há referências desde o século XIX. Atualmente, concentra-se no Sul, em que se apresenta como dança grave, de pares dependentes, derivada do minueto e de suas variantes platinas.

No Rio Grande do Sul, o primeiro registro musical foi feito por Alcides Cruz, para o anuário do Rio Grande Do Sul, em 1993. A melodia perdurou em cantigas de roda brinquedos infantis (CIRNE, 2003). O caráter maneiroso da dança é acentuado por cumprimentos entre dançarinos e balancês, evolução originária da quadrilha europeia, que permitem a prenda demonstrar graciosidade em seus sarandeios, como são chamados os passos executados por ela.

Na coreografia, cada par, tomado pela mão direita, evolui com passos de marcha, de modo a completar uma volta em torno de si mesmo. Durante a melodia introdutória, os pares postam-se procurando disposição de uma roda, homens (peões) do lado externo e mulheres (prendas) do lado interno, frente a frente, inteiramente soltos, aguardando o início da dança.

Figura 13 – Casal gaúcho bailando

Fonte: https://dancasfolcloricas.blogspot.com/2011/04/chimarrita.html

É uma dança cantada com letras que variam conforme a tradição popular de cada região. Ao iniciar a música, "*caranguejo não é peixe*", peões e prendas levam o pé direito à frente, batendo-o três vezes no chão, sendo que os peões batem toda a planta do pé e as prendas batem meia-planta, levemente.

Na segunda parte da música "*caranguejo peixe é*", peões e prendas levam as mãos, mais ou menos, até a altura dos ombros, com o cuidado de não cobrir o rosto, e trocando olhares, batem palma três vezes. Na terceira parte da música ("*se não fosse o caranguejo*"), executam giros com braços enlaçados (direito com direito), em oito tempos.

A segunda parte da dança é marcada por uma troca de pares, todos (prendas e peões) deslocam-se para a esquerda, peões para dentro e prendas para fora da roda, todos erguendo os braços na altura do rosto, estalando os dedos, como se fossem castanholas, em quatro tempos, até encontrarem a terceira pessoa depois do seu par. Executam o giro, enlaçados, pelo braço direito, em oito tempos, e retornam aos seus lugares, peões para fora e prendas para dentro da roda, mais uma vez com os braços na altura do rosto, estalando os dedos, como se fossem castanholas, em quatro tempos. E começam tudo novamente.

Caranguejo

Barbosa Lessa

> *Caranguejo não é peixe*
> *Caranguejo peixe é,*
> *Se não fosse o caranguejo*
> *Não se dançava em Bagé.*

> *Caranguejo não é peixe*
> *Caranguejo peixe é:*
> *caranguejo perna-fina*
> *Não aguenta o "balance".*

> *Caranguejo não é peixe*
> *Caranguejo peixe é:*
> *Eu já vi um caranguejo*
> *Sentado e lavando os pé.*

Caranguejo não é peixe
Caranguejo peixe é:
eu já vi o caranguejo
Namorando uma "muié".

Sugestão coreográfica

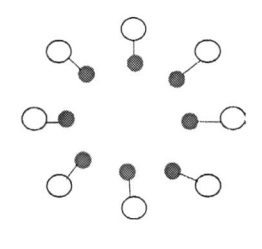

Ao iniciar a música, *"Caranguejo não é peixe"*, peões e prendas levam o pé direito a frente e batem três vezes no chão.

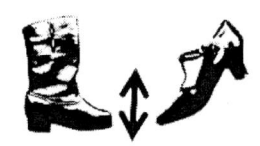

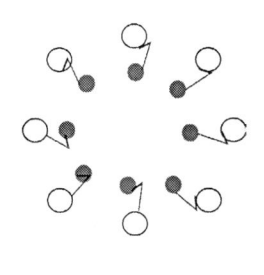

Na segunda parte da música *"Caranguejo peixe é"*, peões e prendas inclinam levemente o seu corpo à frente, levam as mãos, mais ou menos, até a altura dos ombros (ombro direito), com o cuidado de não cobrir o rosto, trocando olhares, e batem palma três vezes.

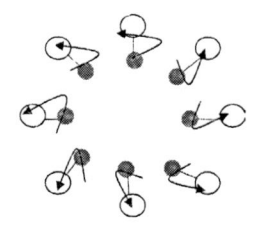

Na terceira parte da música, "Se não fosse o caranguejo", executam giros com braços enlaçados (direito com direito), em oito tempos, finalizando com um cumprimento por parte do casal.

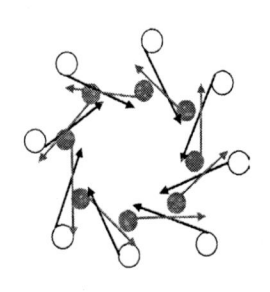

A segunda parte da dança é marcada por uma troca de pares. Todos saem para a sua esquerda, peões para o centro da roda e prendas para fora, todos erguendo os braços na altura do rosto, estalando os dedos, como se fossem castanholas, em quatro tempos, até encontrarem a terceira pessoa depois do seu par.

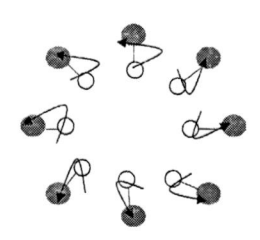

Peões terminam esse movimento dentro da roda e prendas fora. Executam o giro, enlaçados, pelo braço direito, em oito tempos, e retornam aos seus lugares.

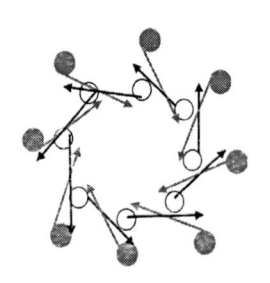

Com as mãos na altura dos ombros, estalando os dedos como castanholas, peões e prendas saem pela esquerda e retornam ao seu par, em oito tempos.

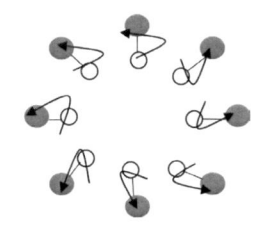 Ao chegarem ao seu lugar executam o giro, enlaçados, pelo braço direito, em oito tempos com o seu par. Realizam uma leve flexão do tronco à frente, como forma de cumprimento, e a dança recomeça.

Repetem toda a sequência coreográfica desde o primeiro passo, quando batem o pé à frente do seu par.

6.6 CIRANDA

Uma das mais belas e suaves danças brasileiras, teve sua origem no litoral nordestino e parece ter sido criada pelas mulheres de pescadores que esperavam o retorno de seus maridos, cantando e dançando a ciranda. Atualmente, executada por crianças, jovens, adultos e idosos. É apresentada em alguns estados brasileiros, como Rio de Janeiro, Paraíba e Pernambuco. Os passos, envolvidos por canções suaves e melódicas que lembram mantras populares, imitam os movimentos do oceano e parecem ser embalados por suas ondas.

Antigamente, só se dançava ciranda dando-se os braços. Atualmente, os participantes dançam de mãos dadas. Uma das cirandeiras mais famosas é Maria Madalena Correia do Nascimento, a Lia, de Itamaracá – PE. Segundo ela, *"ciranda acompanha as ondas do mar, sempre com o pé esquerdo"*. Os trajes são roupas de pescadores para os homens e grandes saias rodadas para as mulheres, como o balanço do mar.

Figura 14 – Cirandeando

Fonte: http://basilio.fundaj.gov.br/pesquisaescolar/index.php?option=-com_content&view=article&id=519

Sugestão coreográfica

Ciranda pernambucana

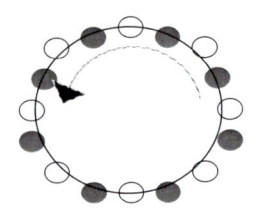
Em uma grande roda, todos de mãos dadas, ao comando do ciran-deiro, fazem a roda girar no sentido anti-horário, marcando o pé direito à frente na parte "forte" da música (pulso musical).

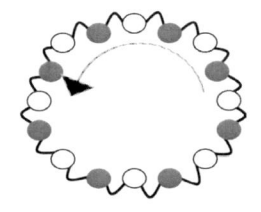 Um segundo passo é marcando o pé direito à frente e, então, elevam-se os braços, no mesmo momento em que se marca o pé à frente. A roda continua girando no sentido anti-horário.

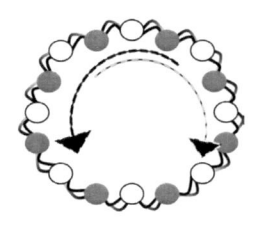 Todos juntos jogam o corpo para a direita, afastando a perna direita, na parte forte de música (pulso musical) e retornando. Então, o corpo é balançado, imitando a onda do mar. A roda continua girando no sentido anti-horário.

A coreografia da ciranda vai de acordo com a criatividade do *cirandeiro* e do grupo, pois, conforme vai acontecendo a música, mantendo-se a marcação da dança na parte forte da música (pulso musical), a quatro tempos, podem ser criados muitos passos.

6.7 CÔCO

Dança difundida por todo o nordeste, "é dança de roda ou de fileiras mistas, de conjunto de par ou de solo individual" (FRADE, 1991, p. 46).

Dança brasileira de origem negra, surgiu na época da escravidão, principalmente em Alagoas e Pernambuco, tendo-se espalhado por todo o norte e nordeste do País. Ficou conhecida nesse período como samba, pagode, zambê e bambelô. Conta a história que os negros escravos, para aliviar as dores do trabalho de quebrar

cocos secos com os pés e embalados pelo barulho que faziam, cantavam e dançavam (CORTES,
2000, p. 94).

Figura 15 – Dançando o Coco

Fonte: elaboração do autor

Na maioria das vezes é executada em pares (em roda),
tendo como destaque o passo da umbigada, que, ao ser realizado, anuncia a entrada de outros solistas no círculo. De
acordo com Frade (1991), há uma linha melódica cantada
em solo pelo "tirador" ou "coquista", com refrão respondido
pelos dançadores.

A percussão tem destacada presença na música da dança e é normalmente acompanhada por palmas e sapateados, hoje realizados com tamancos para imitar o barulho dos cocos quebrando. Existem muitas variantes pelo Brasil. Algumas estão relacionadas ao local de origem (coco de praia ou coco de usina), ao acompanhamento musical usado (coco de ganzá ou coco de zambê) ou, ainda, às estrofes entoadas pelo cantador (coco de embolada). A indumentária é livre.

Como acompanhamento musical, na maioria das vezes, os instrumentos são: ganzá, ingonos, cuícas, pandeiros, triângulo e reco-reco. Nos bailes mais pobres, simples caixotes servem de bateria animada.

Sugestão coreográfica

Característica do coco de roda é a cadência do som dos pés batendo no chão. Essa sonoridade se completa com as batidas do coco que os dançarinos carregam nas mãos. Essa dança apresenta uma coreografia básica: os participantes executam o sapateado característico, batida forte do pé no chão. É uma dança originalmente apresentada em roda, mas sofreu mudanças e, hoje, dançam de várias formas.

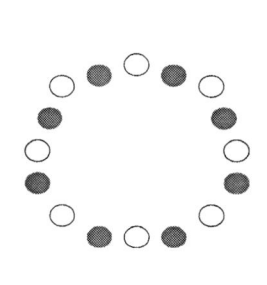

Os participantes, em uma grande roda, executam uma forma de sapateado, frente a frente (homens e mulheres) em três tempos, batendo o pé direito mais forte no pulso da música. Esse "sapateado" é executado da seguinte forma: em três tempos, batendo forte o pé direito no primeiro tempo; no segundo tempo, ainda com o pé direito, apoia o corpo, e o terceiro tempo com o pé esquerdo.

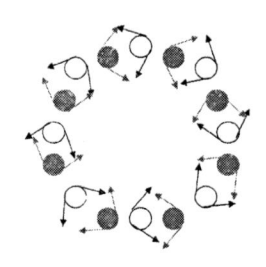

Realizando esse "sapateado" (três tempos, batendo forte o pé direito no primeiro tempo; no segundo tempo, ainda com o pé direito, apoia o corpo, e o terceiro tempo com o pé esquerdo), agora com uma leve jogada do corpo para o lado, como se o casal estivesse se cumprimentando, marcando ombro direito com ombro direito e ombro esquerdo com ombro esquerdo, marcando o pé direito no tempo mais forte da música.

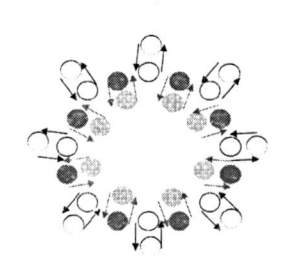

O "sapateado" (três tempos, batendo forte o pé direito no primeiro tempo; no segundo tempo, ainda com o pé direito, apoia o corpo, e o terceiro tempo com o pé esquerdo), agora, é realizado com as mulheres indo em direção ao centro da roda, enquanto os homens para fora dela, marcando sempre o pé direito mais forte, no pulso da música.

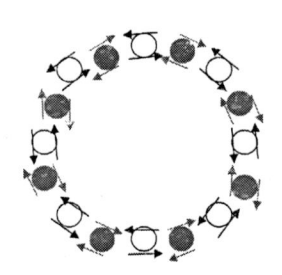

O "sapateado" (três tempos, batendo forte o pé direito no primeiro tempo; no segundo tempo, ainda com o pé direito, apoia o corpo, e o terceiro tempo com o pé esquerdo), agora, é realizado entre os casais. O homem marca o pé direito com a sua parceira de dança, em seguida ele vira e marca com a parceira do parceiro de trás. Simultaneamente, a mulher realiza o mesmo movimento. Finalizam o movimento com uma forma de "cumprimento" com a umbigada.

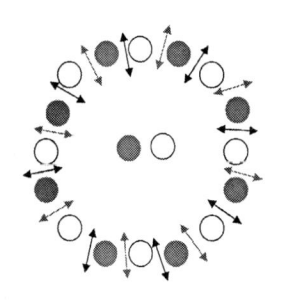 Ao final da umbigada forma-se uma grande roda e os casais vão ao centro e realizam solos diferentes, finalizando com a umbigada. Os demais ficam na roda realizando o passo básico, uma forma de "sapateado", de frente para o centro da roda (homens e mulheres) em três tempos, batendo o pé direito mais forte no pulso da música.

7.8 SIRIÁ

Dança apresentada na região do município de Cametá (PA), onde se conta a história de uma enorme aparição de siris nas praias da cidade, em uma noite de lua cheia, sendo a dança uma forma de agradecer aos céus pelo presente que livrou o povo da fome (CORTES, 2000). A quantidade de peixe, entretanto, não era suficiente para satisfazer a fome de todos. Do ponto de vista musical é uma variante do batuque africano, com alterações sofridas ao longo dos tempos, que a enrique-ceram de maneira extraordinária.

Já que chamavam "cafezá" para plantação de café, "arrozá" para plantação de arroz, "canaviá" para a plantação de cana, passaram a chamar de "síria", para o local onde todas as tardes encontravam os siris com os quais preparavam seu alimento diário.

A "dança do siriá" começa com um andamento lento. Aos poucos, à medida que os versos vão se desenvolvendo, a velocidade cresce, atingindo ao final um ritmo quase frenético. A "dança do siriá" apresenta uma rica coreografia que obedece às indicações dos versos cantados sendo que, no refrão, os pares fazem volteios com o corpo curvado para os dois lados.

Assim como o carimbó, os instrumentos típicos utilizados são dois tambores de dimensões diferentes: para os sons mais agudos (tambor mais estreito e menor) e para os sons graves (tambor mais grosso e maior). Os passos também são animados por ganzá, reco-reco, banjo, flauta, pauzinhos e maracá, e o canto puxado por dois cantadores.

> Também chamada pelos estudiosos de "a dança do amor idílico", a "dança do siriá" apresenta os dançarinos com trajes enfeitados, bastante coloridos. As mulheres usam belas blusas de renda branca, saias bem rodadas e amplas, pulseiras e colares de contas e sementes, além de enfeites floridos na cabeça. Já os homens, também descalços, como as mulheres, vestem calças escuras e camisas coloridas com as pontas das fraldas amarradas na frente. Eles usam, ainda, um pequeno chapéu de palha enfeitado com flores que as damas retiram, em certos momentos, para demonstrar alegria, fazendo volteios. (DANÇA DO SIRIÁ, 2006, s/p)[2]

Siriá, meu bem, Siriá

(Grupo Folclórico Augusto Meira)

Siriá, meu bem, siriá
eu estava dormindo vieram me acordar (2x)
Se eu soubesse eu não ia no mato
pra tirar sarará do buraco (2x)
Siriá, meu bem, siriá
Tua mãe é traíra teu pai jacundá (2x)
Pomba voou, mas não sentou
Pretinho do Mola é rolador (2x)
É rolador, é rolador
Pretinho do Mola é rolador (2x)
Chuva choveu, goteira pingou
A barra da saia Maroca molhou (2x)
Maroca molhou, Maroca molhou

---

[2] Disponível em: http://www.cdpara.pa.gov.br/siria.php. Acesso em 06 jun. 2021.

A barra da saia Maroca molhou (2x)
Eu não tenho medo da onça
Nem da pinta que ela tem (2x)
Tenho medo é da mulata
Quando dá de querer bem (2x)
Quem tiver a sua filha moça
Traga presa na coleira (2x)
Eu também já tive a minha
Jacaré levou no dente (2x)
Cravo branco não me prenda
Que eu não tenho que me solte (2x)
Foste tu meu cravo branco
Causador da minha sorte (2x)
Siriá, meu bem, siriá
eu estava dormindo vieram me acordar (4x)

Sugestão coreográfica

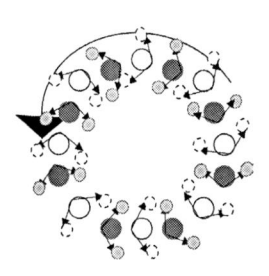

Ao iniciar a música, "*Siriá, bem siriá...*", os homens dançam em direção à mulher, como se estivessem pegando algo no chão. E ela vai de costas, jogando a saia para trás. Realizam esse movimento em três tempos para a direita e três para a esquerda.

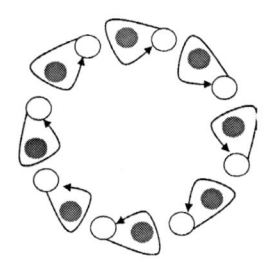

Na segunda parte da música, "*se eu soubesse eu não ia...*", os homens dançam em volta da sua parceira, enquanto ela abre e fecha a saia, até a altura da cintura, duas vezes.

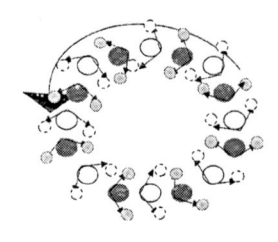

Voltam a dançar como no início, homens em direção à mulher, como se estivessem pegando algo no chão. E ela vai de costas jogando a saia para trás. Realizam esse movimento em três tempos para a direita e três para a esquerda ("*siriá, bem siriá...*").

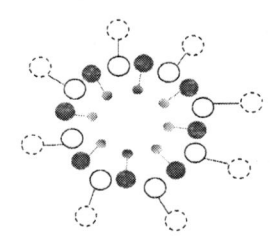

"*Pomba voou, mas...*". Nesse momento, os homens dançam para fora da roda, em passos laterais, e as mulheres para o centro da roda. Ao final do verso da música ("*Pretinho do Mola é rolador*") todos retornam aos seus lugares.

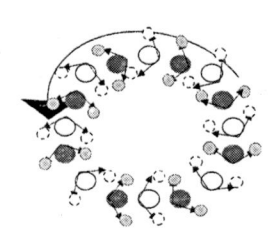

Nesse momento da música, "É rolador, é rolador...", todos voltam a dançar como no início da dança, com uma pequena diferença: os homens dançam girando seus braços à frente do corpo. As mulheres continuam indo para trás, jogando as saias para os lados.

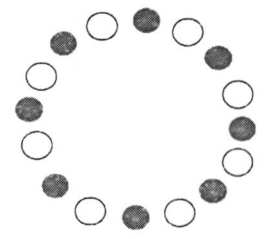

Parados de frente um para o outro, homens e mulheres descem flexionando os joelhos e voltam durante o verso "*Chuva choveu, goteira pingou. A barra da saia Maroca molhou*".

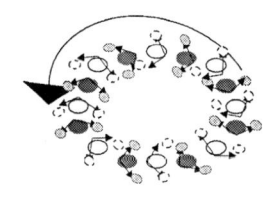

"Maroca molhou, Maroca molhou...", todos voltam a dançar como no início da dança: os homens dançam girando seus braços à frente do corpo e as mulheres continuam indo para trás, jogando as saias para os lados.

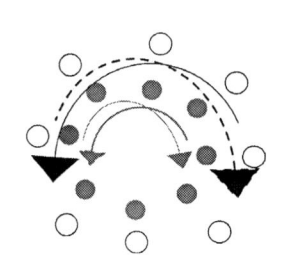

Os homens saem no sentido anti-horário, por fora da roda, como se estivessem pegando algo no chão, enquanto as mulheres, por dentro da roda, saem no sentido horário, jogando as saias para os lados. Isso acontece quando a música está no seguinte verso: *"Eu não tenho medo da onça..."*. Todos vão e voltam aos seus lugares, do início ao final do verso da música.

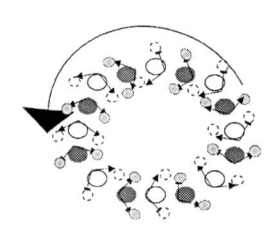

"Tenho medo é da mulata...", todos voltam a dançar como no início da dança. Os homens, como se estivessem pegando algo à frente do corpo, e as mulheres continuam indo para trás, jogando as saias para os lados.

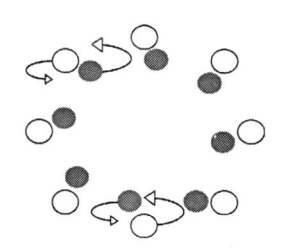

No verso *"quem tiver a sua filha moça, traga presa na coleira"*, os casais se abraçam, com o braço direito na cintura e o esquerdo no alto, e giram em quatro tempos. Ao repetir o verso, repetem o movimento, agora abraçados com o braço esquerdo.

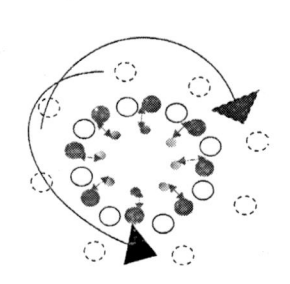

Enquanto os homens dançam por fora da roda utilizando-se do passo como se estivesse pegando algo do chão, as mulheres vão até o centro da roda mexendo as saias ("*Cravo branco não me prenda*"). Todos vão em quatro tempos e retornam em quatro também.

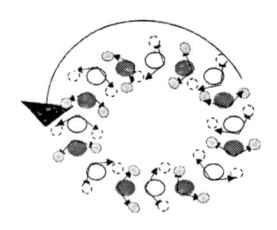

"*Foste tu meu cravo branco...*", todos voltam a dançar como no início da dança, os homens como se estivessem pegando algo à frente do corpo. As mulheres continuam indo para trás, jogando as saias para os lados.

"*Siriá, meu bem, siriá...*", todos giram no seu lugar (homens e mulheres), com as mãos para o alto até o final da música. Quatro tempos para direita e quatro para a esquerda. Finalizando a dança de frente para o público e de costas para o centro da roda (homens e mulheres).

7

DANÇAS CIRCULARES BRASILEIRAS E EDUCAÇÃO

A dança, segundo Portinari (1989), sempre existiu na qualidade de elemento constitutivo e integrante de inúmeros rituais religiosos, guerreiros e fúnebres dos povos primitivos, tais como egípcios, astecas e bantus dentre outros.

> No Brasil, as danças, principalmente as folclóricas, além do caráter religioso, expressam também em seus movimentos, elementos simbólicos das memórias étnicas e culturais de suas raízes históricas, que se transformaram, adequando-se ao momento vivido no tempo e no espaço. (ALVES, 2013, p. 01).

As danças folclóricas podem evidenciar o quanto a cultura popular é importante. Esse significativo valor se revela em todos os campos educacionais, seja na educação formal ou na pedagogia informal. Podemos dizer que as informações contidas na dança não se restringem ao ambiente escolar, ao meio urbano. Ao contrário, revelam-se em qualquer outro local no qual possamos demonstrar o quanto essa expressão cultural evidencia os hábitos, os costumes e as tradições de um povo.

Somado a esses fatos, as formas coreográficas que trabalham não somente o movimento, parecem também favorecer a expressão externada, sobretudo, no aparelho motor; revelam a cultura regional, contribuindo para a formação do caráter "humano" do praticante e da comunidade no seu entorno.

Desse modo, a dança folclórica brasileira, em especial as praticadas em roda, citadas nesta literatura, pode auxiliar a aprendizagem e o reconhecimento do seu "eu"; das suas capacidades e das suas limitações. A inserção social dos participantes, também se faz presente, pois a maioria dessas danças se mostra de forma coletiva. De acordo com NANNI (2003), citado por BONA e ORTIGARA (2013) a dança enquanto relação socioafetiva acompanha os diferentes tipos de comportamentos e de relações socioculturais contemporânea.

Esta citação, que é bastante significativa, está relacionando a dança como um todo, desde a praticada em academias e escolas de dança à ensinada de maneira informal por uma comunidade, em uma reunião festiva. Mesmo com diferentes tipos existentes em território brasileiro parece haver uma grande preocupação com a identidade sócio-histórico-cultural da dança folclórica entre os estudiosos.

Utilizando-se da dança folclórica brasileira, as praticadas em roda (as circulares), como um "*produto*" cultural, podem se fazer presentes tanto no âmbito escolar quanto nos programas de educação informal, tais como clubes, condomínios e academias.

Tratando-se de recurso ou estratégia educacional, as danças circulares brasileiras podem prestar significativa contribuição que objetiva desenvolvimento do esquema e da consciência corporal. No que diz respeito ao desenvolvimento da autoimagem e do favorecimento das possibilidades de melhor autoconhecimento e autoestima do aprendiz, podem, também, favorecer a ampliação moral, físico, mental, social e cultural.

No aspecto físico, o seu praticante apresenta melhora na flexibilidade, agilidade e equilíbrio. Ao organizar e efetuar os passos em uma determinada sequência coreográfica terá benefícios mentais (observando, sequenciando e mentalizando passos e formações coreográficas). Dançando com outras pessoas que sejam de sua convivência cotidiana (ou não) educa-se o aspecto social, respeitando o estilo alheio de dançar. E por meio de seu desempenho durante os encontros para ensaios, ou mesmo em apresentações para o público, desenvolve o senso moral, assumindo papéis representativos.

> A dança na escola deve proporcionar oportunidades para que o aluno desenvolva todos os seus domínios do comportamento humano e, por meio de diversificações e complexidades, o professor contribua para a formação de estruturas corporais mais complexas. (VERDERI, 2009, p. 50).

Esta literatura se resume na busca de uma prática pedagógica em que a dança folclórica brasileira, em especial as praticadas em roda, prepara o corpo e a mente dos alunos/praticantes a fim de que se exercitem de acordo com suas necessidades, estimulando, por meio dos movimentos espontâneos e a precisão dos gestos, o processo ensino-aprendizagem.

O educador, profissional da educação ou graduado em Educação Física, por sua vez, terá em suas mãos, uma *ferramenta* de trabalho de grande utilidade para o exercício da sua profissão. Mais do que isso, poderá valer-se das danças circulares brasileiras como opção ou estratégia de implementação dos programas de Educação Física escolar, de educação e de lazer.

Isso se aplica a todos os indivíduos, mas para os grupos de adultos e de idosos pode representar também um ótimo recurso que favorece o aumento das relações interpessoais, pois contribui para a formação de uma mentalidade democrática, desenvolvendo o intercâmbio social, a camaradagem e o espírito de crítica. Favorecendo a união, distancia o idoso praticante de um grande problema que é a inatividade física e a solidão.

O profissional/graduado de Educação Física, investindo nos processos que apontam para a identidade histórica, social e cultural, faz reconhecer e revitalizar as potencialidades expressivas/comunicativas, das pessoas sob a sua responsabilidade "abrindo espaço à evolução humana" (NANNI, 2000, p. 34).

7.1 VALORES E ASPECTOS EDUCATIVOS DA DANÇA FOLCLÓRICA BRASILEIRA

7.1.1 Aspecto motor

A dança folclórica possui variados aspectos que refletem e emanam as diferenças entre os grupos. As variações musicais, de acordo com a região, e onde são executadas, também fazem parte do acervo ou conjunto de alterações que podem determinar as diferenças entre as diversas expressões.

Figura 16 – Dança e coordenação motora

Fonte: https://images.app.goo.gl/2BNcAcPyFLFEDZsg6

A educação, por meio da dança folclórica brasileira, compreende, a um só tempo, o aprimoramento físico, intelectual e moral. Estimulada pelo profissional da educação, pode ser definida como um processo que visa não só ao aperfeiçoamento físico, mas ao indivíduo como um todo. Assim, além de trabalharmos as qualidades físicas, conseguiremos o desenvolvimento de atributos sociais e morais, influindo em múltiplos aspectos das formas e do ajustamento humano.

A aprendizagem das danças folclóricas brasileiras, no caso das praticadas em rodas, não se restringe somente ao aspecto físico ou performático. É possível obter uma progressiva melhoria na coordenação motora geral.

Como escreveu Giffoni (1964, p. 15):

> É inegável que a dança contribui pela, sua forma de exercício, para o desenvolvimento físico de quem a pratique. Colaborando para a melhora da agilidade, flexibilidade e elasticidade dos movimentos. O aperfeiçoamento da coordenação neuromuscular é dos mais preciosos efeitos da dança. As reações e os movimentos por ela provocados exigem a colaboração simultânea de vários segmentos do corpo (pés, pernas, braços, tronco, cabeça). Sendo praticados muitas vezes esses movimentos assimétricos, e quase sempre mais complexo que os habituais. Tendo que ser realizado dentro de tempo espaço limitados, exigindo coordenação precisa.

Somado a esse aspecto, e por meio da sua prática, as danças circulares brasileiras podem auxiliar um melhor conhecimento sobre a capacidade pessoal e também se chega à percepção das limitações, incluindo-se nelas as de ordem corporal. Isso tudo de um modo mais lúdico, pois é pela letra da música cantada que se chega à coreografia da dança.

Assim, a autoimagem, em muitos casos, pode ser valorizada e/ou desenvolvida, levando o praticante a assumir tarefas mais complexas, pois, progressivamente, possui mais segurança para executar as sequências de passos e, depois, a coreografia completa da dança propriamente dita. Essa autonomia pode permitir que seu praticante se mova de forma graciosa e expressiva, de maneira integrada e coordenada, adotando, posteriormente, o denominado "estilo" pessoal, que nada mais é do que uma interpretação da expressão da personalidade do praticante.

Assim, entendendo e corroborando com o explicitado por Nanni (1998, p. 80):

> O desenvolvimento psicomotor das danças se processa pelas reações e os movimentos que exigem a colaboração simultânea de vários segmentos corporais (pés, pernas, mãos, braços, troncos, cabeça) em movimentos assimétricos opostos, mais complexos que os habituais.

Então podemos dizer que as danças circulares brasileiras podem ser, também, um elemento de catarse e de lazer, no qual o seu praticante atenua as tensões emocionais do cotidiano. Essa prática lúdica favorece certo sentimento de autocontrole e de confiança pela facilidade da execução dos movimentos e pela possibilidade de transformar pensamentos do praticante em expressões plásticas, motoras e sociais.

7.1.2 Aspecto moral

Com relação ao aspecto e valores morais, incita e viabiliza o aperfeiçoamento do indivíduo valendo-se do seu autodomínio. A esse fato soma-se o entendimento acerca do exercício de papéis que cada um dos participantes possui quando da execução coreográfica da dança. O respeito entre os pares e entre sexos oferece a compreensão da individualidade, da diferenciação e das limitações de cada integrante do grupo.

De acordo com Giffoni (1964, p. 17):

> A dança desperta o senso de ordem, de disciplina, de solidariedade e de cooperação para com o grupo. Isso pelo fato de todos desejarem executar satisfatoriamente os passos, os movimentos e as figuras coreográficas de maneira adequada. Recruta-se o esforço geral do grupo

> para o cumprimento das "normas" da dança e de demais aspectos inerentes a cada grupo de participantes. A disciplina e a obediência inerente à execução da técnica do movimento, o respeito aos músicos e a hierarquia criada pelos dirigentes em comum acordo com o grupo, também fazem parte da execução da dança. Assim, aprendem a cooperar uns com os outros, aceitando a responsabilidade que lhes fora atribuída. Desempenhando papéis dentro do grupo, busca a prática da cidadania, contribuindo para o melhor desempenho do seu papel na sociedade.

Assim, todos participam, cooperando uns com os outros, seguindo a determinadas regras comum a todos, buscando um único objetivo, desempenhar seu papel, durante a evolução coreográfica, da melhor maneira possível.

Certamente ligadas de forma íntima à busca da mais adequada compreensão entre os povos de outras nações, de períodos históricos inclusive do nosso próprio país, as danças circulares brasileiras podem ser utilizadas para desenvolver a compreensão internacional e respeito por outras culturas. Ainda, auxiliam seu praticante a conhecer as raízes étnicas de si mesmo pelos traços apresentados pela própria manifestação, e ajudam no domínio de si mesmo, na iniciativa, no entusiasmo e no senso de ordem.

7.1.3 Aspecto social

A maneira de expressar-se e agir facilita as relações entre pessoas e grupos. De acordo Giffoni (1964, p. 18), "a prática da dança cria raízes de polidez e cortesia, ocasionando um comportamento ideal que se torna habitual em qualquer circunstância".

Segundo Nanni (1998, p. 81), "é incomparável o valor das danças folclóricas visto que conjugam os mais diversos aspectos da vida coletiva". E no caso das danças circulares brasileiras, como são realizadas em conjunto, favorecem as tendências sociais, as relações pessoais. Podemos observar esse valor durante o aprendizado ou em apresentações para o público, havendo, assim, um início ou estreitamento de amizades.

Figura 17 – O lado social da dança

Fonte: elaboração do autor

Com isso, seu participante aprende a cooperar com outros membros do grupo e aceitar responsabilidades por desempenhar sua parte na situação do grupo, favorecendo as relações pessoais e as amizades. Os hábitos sociais, adquiridos durante os encontros do grupo, são, depois, reproduzidos com vantagens, quer seja no estudo ou trabalho, nas amizades ou no lazer.

7.1.4 Aspecto cultural

De acordo com Nanni (1998), a dança folclórica está intimamente ligada à melhor compreensão dos povos e outras nações ou de outros períodos históricos de nosso país, estabelecendo correlação com estudos sociais, combinada com o estudo da música, das línguas, de outras terras, artes gráficas e atividades dramáticas. Para Giffoni (1964, p. 19), "a dança representa um fator de comunhão cultural transmitindo idéias e costumes de uma geração a outra, sobretudo na forma folclórica".

Figura 18 – Brasil multicultural

Fonte: https://images.app.goo.gl/G6TWE79jkrBjXksA7

O Brasil não apresenta somente grandeza em termos territoriais, mas, também, em sua composição étnica e seus aspectos culturais. De acordo com Ávila (1993, p. 10),

o país se divide em apenas cinco regiões geo-
-econômicas: norte, nordeste, sul, sudeste e
centro-oeste. Enquanto, sob prisma étnico-cul-
tural, sua composição é, sem dúvida, muito
mais diversificada.

A contribuição lusitana foi de grande expressão para a formação de nossa cultura. Mesclou-se com aqueles de origem indígena e africana, constituindo o tronco básico sobre o qual se estrutura a cultura brasileira.

Ao conhecer e praticar as danças circulares brasileiras, o praticante conhece os sentidos que justificam sua criação e os significados das suas expressões, colaborando, assim, para a perpetuação da cultura popular de tradição (ou folclórica) brasileira.

Assim, a dança circular brasileira solicita noções de história, da história da arte e da própria dança, da geografia, do folclore e da sociologia, indispensáveis ao seu praticante não só porque colaboram para o seu êxito no momento de interpretá-la, mas porque lhe dão cultura geral e especializada, aumentando seu cabedal de conhecimentos e enriquecendo sua bagagem cultural, transmitindo ideias e costumes de uma geração a outra, mantendo vivas as tradições.

8

DANÇAS CIRCULARES BRASILEIRAS NA EDUCAÇÃO FORMAL

Atualmente, o que podemos observar é que a dança folclórica brasileira, no âmbito escolar, não está presente na escola e não existe nenhum encaminhamento para abordagem desse tema nas aulas de Educação Física. No caso das danças circulares brasileiras é necessário ter entendimento das relações entre folclore e cultura popular por parte do profissional, entendendo que elas representam um artefato cultural capaz de manifestar as crenças e valores constituídos por diferentes grupos sociais ao longo do tempo. A partir disso verificamos que é necessário que o professor de Educação Física, profissional de educação, pedagogo em geral, principal mediador entre o conhecimento e o sujeito, posicione-se teoricamente sobre a cultura existente na comunidade escolar, analisando e procurando construir saberes acerca da cultura constituída na vida social dos alunos.

Nesse sentido, Sborquia e Neira (2008), citado por Barbon (2011), ressaltam que, ao longo do tempo, os costumes populares modificaram-se e invadiram a classe da elite. As danças que antigamente representavam as diversas manifestações sociais dos povos, hoje são conteúdos acadêmicos em que os indivíduos executam movimentos padronizados, e as expressões dos sentimentos e emoções por meio deles ficaram submersas aos simples gestos em busca da perfeição técnica.

Figura 19 – Danças circulares como brincadeira infantil

Fonte: https://images.app.goo.gl/61UwriXWE7brhcJG6

O educador, profissional da educação ou profissional de Educação Física pode valer-se das danças circulares brasileiras como opção ou estratégia de implementação de programa educação do movimento, educação cultural e de lazer. Isso se aplica a todos os grupos, do infantil ao idoso. Pode, também, ser um ótimo recurso que favorece o aumento das relações interpessoais, contribuindo para a formação de uma mentalidade democrática, desenvolvendo o intercâmbio sociocultural, a camaradagem e o espírito de crítica, favorecendo a união entre os seus praticantes e distanciando o idoso praticante de dois grandes problemas, a inatividade e a solidão.

O aproveitamento das danças circulares brasileiras em ambiente de educação formal (escolas) compreende, a um só tempo, o aprimoramento físico, intelectual, cultural e moral. Estimulada pelo profissional da educação, pode ser definida como um processo que visa não só ao aperfeiçoamento físico, mas ao indivíduo como um todo.

Figura 20 – Interdisciplinaridade

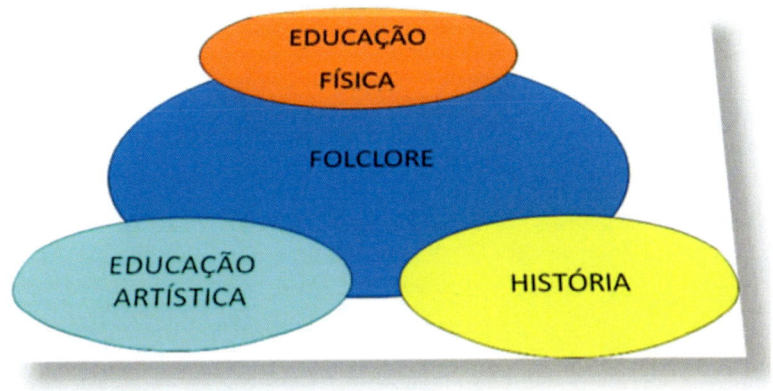

Fonte: elaboração do autor

Para que as danças circulares brasileiras sejam, real-mente, uma ferramenta significativa no processo de apren-dizagem e construção do conhecimento do aluno é neces-sário que o professor esteja atento às seguintes questões: planejamento — preparar todo o material possível (a música, a coreografia) e os procedimentos que serão tomados no decorrer de cada aula; a capacitação — o professor deve estar comprometido com o conteúdo a ser colocado em prática, além do bom senso e da autocrítica para saber se está preparado para aplicar o conteúdo em suas aulas; a metodologia — como aplicar e como transmitir didatica-mente o conteúdo (ou conhecimento) ao aluno, o que implica observação e atenção ao aluno e aos seus gestos, atitudes, comportamentos individuais e inter-relacionais a fim de intervir, se necessário; avaliação — pois é por meio dela que chegaremos e teremos uma resposta do processo de ensi-no-aprendizagem, analisando os erros e possíveis correções dos métodos até então utilizados pelo professor.

> É comum a idéia de que 'resgatando' através do ensino das danças populares da nossa cultura (araruna, siriá, ciranda) estremos também 'resgatando' o que, dizem, ser a 'cultura e identidade brasileiras' (MARQUES, 2003, p. 44).

Assim, durante o processo de aprendizagem é essencial que o professor não trate todos os alunos da mesma forma, buscando a igualdade coletiva ou comportamentos idênticos quando se trata de danças folclóricas. No caso das danças circulares, deve promover debates, verificando as diferentes interpretações dos alunos, incentivando a verbalização, estando disposto a ouvir sugestões e permitir que os alunos recriem a dança abordada, posicionando-os como sujeitos-autores de sua própria cultura corporal.

PLANEJANDO A AULA

Quadro 01 – Descrevendo a aula

ESTRUTURA DA AULA		
NÍVEL DE ENSINO	COMPONENTE CURRICULAR	TEMA
Ensino fundamental I/II	Educação Física	Atitudes, conceitos e procedimentos: atividades rítmicas e expressivas
Ensino médio	Educação Física	Dança: Valores históricos
Ensino médio	Educação Física	Dança: Valores culturais

Fonte: elaboração do autor

1. O que o aluno poderá aprender com essa aula?

Compreender o verdadeiro o significado cultural das danças brasileiras.

Conhecer características regionais do Brasil nas dimensões sociais e culturais como meio para construir progressivamente a identidade nacional e pessoal e o sentimento de pertinência ao país.

Discutir e opinar sobre o conteúdo explorado para um melhor desenvolvimento das aulas.

Tempo das atividades

50 – 60 min/aula.

O professor precisa de um conhecimento prévio sobre o assunto trabalhado, para um melhor desenvolvimento do conteúdo.

Desenvolvimento da aula

Plano de unidade sobre danças circulares brasileiras que contemplará um total de 12 aulas de cinquenta a sessenta minutos. Serão apresentadas para os alunos algumas das danças brasileiras praticadas em roda, como: cirandas, carimbó, araruna, coco e outras mais. A primeira aula será de grande importância para a uma diagnose do conhecimento, por parte dos alunos, sobre o tema apresentado.

Ao planejar e organizar essa aula, o professor pesquisa sobre o tema com textos, vídeos e áudios, assim terá mais segurança sobre o tema, tornando a aula mais interessante.

PROCEDIMENTOS

Parte inicial

Apresentação do conteúdo aos alunos; questionar aos alunos sobre as danças circulares brasileiras. Em seguida, apresentar-lhes o conteúdo por meio de slide e/ou vídeo.

Parte principal

Após apresentar-lhes o vídeo e o áudio da dança a ser aprendida, direcioná-los à atividade prática: caminhar no ritmo da dança, cantar a música da dança, enquanto anda estimulando o ritmo individual e em grupo dos alunos. Efetuar variações com a música, realizando brincadeiras cantadas.

Parte final

Novos movimentos serão incorporados aos já conhecidos pelos alunos, aumentando, assim, o repertório de movimento e a capacidade de consciência e expressão rítmica. A coreografia será formada de acordo com o tempo musical do aluno e da dança estudada.

Avaliação

O ensino das danças circulares brasileiras deve perpassar, sobretudo, o estudo do "gesto", com significado e intenção comunicativa. O professor educador propõe a compreensão crítica das manifestações e a apreensão pelo aluno. Devemos nos atentar para a categoria "atrativo".

A avaliação teórica em dança seria, de certa maneira, simplificar o fenômeno, dificultando a visão do entorno das situações, especialmente no que diz respeito à coreografia e aos eventos das danças circulares brasileiras.

O formato "**Festival**", como avaliação prática, torna-se atrativo, assim, estaremos mais próximos de envolver os alunos na ação educativa. Trabalhando com uma avaliação diferenciada, encanta o ato de aprender e resgatar o prazer de se aventurar no mundo da cultura popular brasileira.

Aula: nos passos das danças circulares brasileiras

Disciplinas: Arte e Educação Física.

Série: 7º, 8º e 9º Anos – Ensino fundamental II.

Materiais necessários: computador ou laptop, projetor e aparelho de som.

Justificativa

Utilizar-se das danças circulares brasileiras como conteúdo interdisciplinar, com Educação Física e Arte, dialogando o corpo, a arte e a educação como itens fundamentais para a compreensão e transformação da realidade social. Assim, trabalha-se a capacidade de criação, imaginação, sensação e percepção, integrando o conhecimento corporal ao cultural, valorizando a dimensão das expressões e da sonoridade, instigante da arte do corpo e da mente, dos movimentos, da cor, dos gestos e da produção em forma de danças circulares brasileiras de diferentes regiões.

Objetivo

Oferecer aos educandos atividades de danças circulares brasileiras, despertando maior interesse pelas manifestações populares e culturais, a fim de resgatar e valorizar a dança brasileira, possibilitando o acesso à cultura popular por meio de danças praticadas em roda, tendo na espontaneidade, na simplicidade e no prazer suas características fundamentais.

Relacionando conteúdos: Artes e Educação Física

1. Dinâmica postural, princípios do movimento, respiração e equilíbrio.

2. Processos da dança, improvisação, composição coreográfica, repertórios.

3. Estudos sócio-histórico-culturais das danças circulares brasileiras e aspectos históricos e estudos étnicos.

4. Relações entre o ensino das danças circulares brasileiras nas escolas e a sociedade contemporânea, interdisciplinaridade, corpo-espaço e novas tecnologias.

5. Danças brasileiras, praticadas em roda, de diferentes regiões brasileiras, como carimbó, síria, cirandas (cariocas e pernambucana), araruna, cacuriá, cana-verde, caranguejo.

Procedimentos metodológicos

Estudaremos as danças de maneira teórica/prática. Na primeira parte: um breve histórico da dança estudada. A montagem coreográfica será a segunda parte da aula, sendo utilizado passos e o ritmo da região de onde provém a dança.

Os alunos serão divididos em grupos que irão oportunizar ações que visem valorizar o potencial de criar e apreender, contribuindo com a formação do coletivo, proporcionando, assim, a superação de suas dificuldades em socialização, despertando as habilidades motoras, aguçando a memória e o ritmo na produção artística e na dança.

Cronograma de atividades

1ª etapa

· Estudo e pesquisa dos aspectos artísticos e culturais das danças circulares brasileiras.

· Trabalhar a expressão corporal desenvolvida por gestos e formas.

· Adaptar-se ao ritmo de acordo com a música da dança em estudo.

· Desenvolvimento de exercício de coordenação motora, buscando sincronismo com a dança e os demais integrantes do grupo.

· Realização de ensaios

2ª etapa

· Adaptar-se ao ritmo de acordo com a música da dança em estudo, utilizando dos passos característicos da dança.

· Aprender os passos e ritmos da dança em estudo.

- Realizar ensaios, com passos e coreografias típicas da dança em estudo.

3ª etapa

- Montagem coreográfica utilizando-se da música e passos típicos da dança em estudo.

- Realizar ensaios memorizando a coreografia da dança e estudo, e apresentações.

- Apresentações, com o objetivo de que os alunos prestigiem as apresentações dos colegas, permitindo que eles se organizem quanto ao contexto da apresentação (com as roupas típicas das danças)

Avaliação (critérios norteadores)

- Durante a pesquisa, avaliar (e orientar) as referências de estudo das danças circulares brasileiras.

- Avaliar a criatividade dos alunos durante a elaboração coreográfica da dança em estudo e dos conceitos estudados e apresentados pelo grupo.

- Participação efetiva dos alunos durante a apresentação e dramatização da dança.

- Autoavaliação do aluno em relação a sua participação no processo de desenvolvimento da pesquisa e desempenho nas apresentações.

Pelos planos de aulas descritos podemos perceber e observar maior valorização da cultura popular brasileira, contrapondo a história da abordagem dos esportes como conteúdos hegemônicos na escola.

> O desconhecimento e a desvalorização da cultura popular são a negação de sua própria história e tradições, e ainda cultiva a alienação daqueles que constituem uma elite minoritária, que tem acesso às instituições educacionais o que o autor identifica como cultura ilustrada e provavelmente, irá reproduzir os mesmos mecanismos de alienação e dominação em relação ao povo. (DUSSEL citado por PARREIRA; FOGANHOLI, 2009, p. 686).

No ambiente escolar não é rara a prática de atividades artística-culturais de origens europeias ou norte-americanas em detrimento de práticas de origens nacionais (ou o próprio desconhecimento). Com isso, devemos iniciar o trabalho relacionado à cultura popular brasileira pela teoria, explicando a origem das danças estudadas, promovendo, assim, a construção do conhecimento, despertando o interesse do aluno pelo conteúdo da aula, levando em consideração o repertório do conhecimento que eles possuem sobre o assunto.

Devemos ter em mente que a dança, em ambiente escolar — no nosso caso, as danças brasileiras praticadas em roda —, não tem a função de formar bailarinos, mas oferecer ao aluno uma relação mais efetiva em aprender a expressar-se criativamente por meio do movimento. Nessa perspectiva, a dança circular brasileira na educação contribui com o processo ensino-aprendizagem, auxiliando o aluno na construção do seu conhecimento, e o professor enquanto recurso pedagógico.

9

DANÇAS CIRCULARES BRASILEIRAS NA EDUCAÇÃO INFORMAL

As danças circulares brasileiras são danças praticadas em roda, tradicionais e com diferentes influências culturais (diferentes povos e diferentes épocas) vivenciadas como canal e instrumento de educação e cultura, de comunicação criativa, de autoconhecimento, de saúde integral, de celebração e integração. Elas refletem a necessidade de comunhão entre os membros da comunidade e se associam a diferentes momentos de suas vidas: o plantio e a colheita, o casamento, uma festa de tradição religiosa ou não, entre outras. O homem tem bailado desde o início de sua existência, a dança faz parte da sua vida, não é só um espetáculo.

As danças circulares brasileiras têm algo tão envolvente pelo fato de as coreografias se constituírem em fenômenos cíclicos, ou seja, os passos são agrupados em sequências que se repetem no decorrer de toda a música, a coreografia segue a letra da música.

De acordo com Gatib, Trevisan e Schwartz (2009) citado por Secco *et al.* (2014), as danças, em seus diferentes estilos, podem proporcionar ao indivíduo maior expressão por meio de gestos e movimentos. Assim, a dança pode contribuir com a melhoria das qualidades físicas, dos aspectos motores e, também, ir além das dimensões do desenvolvimento humano.

Figura 21 – Brincando de ciranda

Fonte: https://images.app.goo.gl/n4ecp46MtHF1WaeLA

PLANEJANDO A AULA

A dança como um instrumento de lazer/ socialização

A dança brasileira, em especial a praticada em roda, quebra as barreiras do preconceito e torna as pessoas mais confiantes, não apenas no ambiente dos ensaios, mas na sociedade em geral. Ao perceber que pode usar o corpo como ferramenta de inclusão social e de comunicação, o praticante passa a entender que não existem diferenças que possam separá-lo ou isolá-lo da sociedade. E uma das suas principais características é a promoção da integração entre as pessoas, independentemente da sua cor, idade ou condição social. No caso das danças brasileiras fica mais em ênfase devido à liberdade de movimento ao aprender uma nova dança, pois a técnica que é exigida na dança clássica já não se faz tão presente.

Colocaremos em pauta (como exemplo) os inúmeros benefícios das danças circulares brasileiras para idosos, tanto para o corpo como para a mente. Como atividade recreativa, que aparece como uma alternativa de trabalho coletivo, estimula a solidariedade e faz com que haja uma redução das tensões e das angústias e, consequentemente, um encorajamento para que ocorra a socialização e o prazer de estar com pessoas da mesma faixa etária.

Por meio dessa atividade temos a junção de boas vibrações com pessoas que procuram seu bem-estar psicológico, emocional, físico, social. O idoso em círculos, de mãos dadas, toca e é tocado, olha para o corpo do outro e é olhado, é reconhecido e entra em conexão com o grupo.

Danças circulares Brasileiras

A dança folclórica brasileira, em especial as praticadas em roda, citadas nesta literatura, pode auxiliar a aprendizagem e o reconhecimento do seu "eu"; das suas capacidades e das suas limitações.

(Allan Torres)

As Danças Circulares podem sensibilizar e socializar, resgatando valores humanos e incentivando as interações entre os grupos. No círculo promovemos o diálogo amoroso entre as pessoas, desenvolvendo o senso de organização coletiva e o senso rítmico pela música e pelo movimento. Dentro das linguagens artísticas desenvolvidas nas danças circulares tem-se a oportunidade da expressão positiva de angústias e medos.

(disponível em: https://www.dancascirculares.org/dancas-circulares/).

PLANO DE AULA

Tema: Aprendendo a Dança Circular Brasileira

Conteúdo: Danças circulares de diferentes regiões do Brasil

Público alvo: homens e mulheres acima de 60 anos.

Objetivo: colocar em prática importância do movimento corporal integrado ao sentimento coletivo na terceira idade, através da dança circular brasileira, como benefícios para a díade corpo e mente.

Nº de alunos: 20-30 alunos

Recursos materiais: Aparelho de vídeo e som (com toca cd).

Procedimentos didáticos:

Apresentação de um vídeo introduzindo o conteúdo da dança circular brasileira.

Aula de danças circulares brasileiras, com duração de 60 minutos.

Os alunos formam um círculo, e, conforme conhecem os passos da dança, o professor introduz a coreografia, ao som da música.

Atividades de alongamentos, caminhadas e danças circulares brasileiras.

Comentários sobre a dança colocada em prática, e tira dúvidas dos alunos.

Avaliação

O aprendizado será avaliado através de apresentações de coreografias, com uma prática divertida, simples e de fácil aprendizado, por aparte dos alunos. E assim poderemos avaliar resultados na coordenação motora, no equilíbrio e desenvolvimento motor do idoso. Além da melhora na interação e comunicação interpessoal de maneira verbal e não verbal.

10

CONSIDERAÇÕES FINAIS

Ao findar este livro não significa que as dúvidas e questionamentos foram esgotados e que chegamos a uma conclusão definitiva sobre o assunto, muito menos quando se trata da cultura popular de tradição, que se mantém viva, dinâmica e se reconstrói a partir das vivências de todos e, também, pelas manifestações que fazem parte do seu cotidiano desde a infância. Assim, ao colocarmos em prática atividades relacionadas à cultura popular como brincadeiras e brinquedos, lendas e crendices, jogos, danças, entre outras mais, é como constituir o histórico-social e cultural do indivíduo, que vai aprendendo e transformando esse conhecimento.

A cultura tem um importante papel no processo de aprendizagem, pois por intermédio dela temos não só a socialização, mas, também, a discussão de diferentes saberes no ambiente de educação formal e pedagogia informal.

No caso desta obra estamos falando da cultura popular de tradição, e por meio do conteúdo cultural podemos exemplificar vários temas, em diferentes disciplinas do currículo escolar, compreendendo, também, pela dança circular brasileira, as habilidades individuais de maneira mais completa possível do aluno/praticante, tendo a cultura popular de tradição como um elemento que nutre o processo de ensino-aprendizagem, fornecendo vários meios a serem discutidos não somente em sala de aula, mas fora dela também.

Para que isso ocorra é necessária a capacitação do profissional da educação — professor de Educação Física, pedagogo, entre outros profissionais da educação —, para que possa ter um novo olhar sobre a cultura popular, tendo como foco o fato de que o ensino dessa técnica visa buscar o desenvolvimento da criatividade e expressividade do aluno/praticante. Isso possibilita uma melhora significativa no comportamento social do aluno/praticante, além do desenvolvimento nos aspectos cognitivos e motor, resultando na formação de um cidadão ético, formador de opiniões e ideias.

As danças circulares brasileiras aqui apresentadas criam oportunidades de trabalhar não somente o saber cultural, mas o ritmo, a consciência corporal e a interação social de modo mais lúdico e dinâmico. Com isso, o profissional de Educação Física (educador) envolvido com esse tipo de trabalho destaca-se e foge do estereótipo de que o único local de atuação são quadras e ginásio poliesportivo, e o seu aluno/praticante ganha desenvolvimento tanto no aspecto motor quanto no aspecto social.

Figura 22 – A evolução do homem dançante

Fonte: elaboração do autor

É um conteúdo de grande importância na educação formal e na pedagogia informal, pois o aluno/praticante tem acesso e conhecimento da sua cultura. Ressalta a importância do recurso transdisciplinar/multidisciplinar no trabalho das danças circulares e brincadeiras, alinhavando os conteúdos das disciplinas de "teor mais científico" com as disciplinas de "caráter mais lúdico", como as Artes e a Educação Física, por exemplo.

Assim, as atividades lúdicas, como as danças circulares brasileiras, com finalidades pedagógicas, possibilitam a alegria e a descoberta na sala de aula, tendo um papel de grande importância nas fases da infância e da adolescência, pois é nesse período que há certa resistência quanto à escola e ao ensino, por serem, geralmente, considerados pouco atrativos e prazerosos.

Devemos pensar que o brincar favorece a criatividade a partir de uma leitura mais sensível do mundo. O lúdico proporciona a compreensão e a assimilação de conceitos de forma mais eficaz, pois parte da vivência da alegria e da espontaneidade. Trabalhos desenvolvidos com esses recursos, como as danças circulares brasileiras e as brincadeiras cantadas, proporcionam, ainda, dentro da realidade educacional, a vivência do multiculturalismo, possibilitando o respeito pelas diferenças étnicas e culturais. Outros trabalhos podem ser desenvolvidos pensando na importância da formação do educador na área da ludicidade.

Figura 23 – A aplicabilidade das danças circulares brasileiras

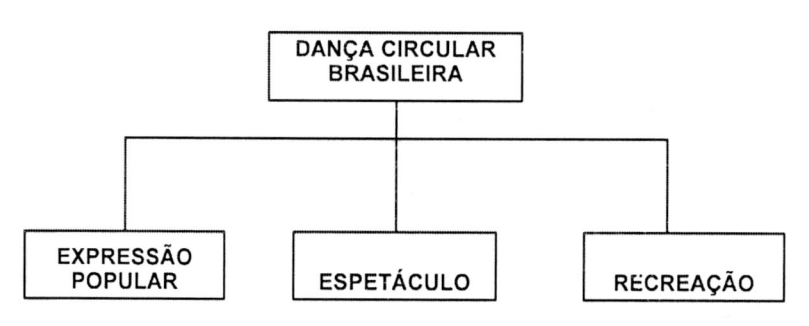

Fonte: elaboração do autor

Pelo fluxograma podemos perceber que as danças circulares brasileiras se apresentam com o propósito de ampliar as possibilidades educativas. Praticadas em círculo, um símbolo de unidade, confiança, apoio mútuo e cooperação entre os seus integrantes. De acordo Secco *et al.* (2014), a dança circular utiliza repertório do folclore de diversos povos e culturas, podendo apresentar como princípios o trabalho individual e em grupo. No caso das danças circulares brasileiras, adquire-se conhecimento sobre o folclore do povo brasileiro e as danças que retratam antigas tradições de diferentes povos que formaram a nossa cultura.

A utilização das danças circulares brasileiras, sob o enfoque educacional, seja ele formal ou informal, é de grande importância para o desenvolvimento físico, mental, afetivo e social do ser humano. Por meio da dança, o aluno tem a oportunidade de desenvolver suas capacidades expressiva e criadora, conseguindo, assim, maior domínio dos seus gestos e de suas atitudes. Com esse conteúdo, o compartilhar, o cooperar, o respeito pelas diferenças e a inclusão social serão percebidos de maneira mais natural pelos seus praticantes (aluno e professor).

Percebemos a importância da inserção dessas práticas corporais (as danças circulares brasileiras) no contexto educacional como uma forma de não exclusão dos alunos/praticantes. E o trabalho do professor/educador, por meio das práticas da cultura popular, permite e possibilita reconhecer que é possível a criação de novos movimentos, novas músicas, caracterizando as danças tradicionais brasileiras, em uma prática inclusiva, possibilitando o exercício da criatividade.

Isso torna o trabalho mais lúdico, proporcionando a integração de muitas gerações, possibilitando a prática de lazer enquanto forma de desenvolvimento cultural e social, por meio das atividades físicas proporcionadas pela dança brasileira (em especial, as praticadas em roda), tendo, assim, o contato com diferentes pares e/ou diferentes indivíduos, promovendo encontros coletivos/sociais.

E quando falamos em diferentes gerações, as danças circulares brasileiras, como atividade física para o idoso, é de grande valor, pois contribui para a expressividade e criatividade do praticante devido à grande riqueza de gestos e movimentos apresentados.

> As danças brasileiras, para idosos, permitem que o seu praticante sinta a leveza, a alegria e a liberdade do movimento. Ainda sirva para combater o estresse, a ansiedade, a tensão muscular, melhorando, assim, a autoconfiança do seu praticante, além de distraí-lo e colocá-lo em contato com a sua cultura. É uma das atividades mais alegres, sem muitas regras nem padrões de movimento, onde todos podem participar, desde o mais lento até o mais agitado. Estimula a mobilidade das articulações, proporciona melhora na coordenação motora e maior segurança através do domínio corporal. (TORRES, 2013, p. 38).

Na cultura popular de tradição todos dançam e criam juntos, valorizando as diferenças e respeitando a sabedoria dos mais velhos. Ao considerar as danças circulares brasileiras como conteúdo curricular, reconhecendo homens e mulheres como sujeitos da vida social, como participantes ativos na sociedade, que criam e modificam seus costumes de acordo com seu tempo, estamos valorizando a pluralidade cultural do nosso país.

Assim, acreditamos que os trabalhos com as danças circulares brasileiras podem e devem ser reconhecidos como práticas culturais, artísticas e educacionais. Por isso, é necessário que sejam vistas com um olhar diferenciado e sejam incorporadas ao ambiente educacional, seja na educação formal ou na pedagogia informal, de maneira que possibilite ao seu aluno/praticante o conhecimento dessas culturas bem como o reconhecimento dos próprios educandos a essas práticas, e a valorização dos saberes tradicionais, que não estão na escola e nem na academia, e nem por isso podem ser considerados menores e menos importantes.

De acordo com Laban (1990), citado por Batista (2015), a dança tem por objetivo ajudar o ser humano a achar a relação corporal com a totalidade da existência. Com isso, com as danças circulares brasileiras possibilitamos o acesso do seu aluno/praticante a uma atividade criativa pela dança. E o professor/educador terá a seu alcance uma atividade que não se resume ao simples fato de comemorar datas festivas, mas, sim, uma atividade com diversas oportunidades práticas (da interação social ao simples fato recreativo).

As contribuições das danças circulares brasileiras, aqui apresentadas criam oportunidades de trabalhar diferentes possibilidades, o ritmo, a consciência corporal e a interação social de modo mais lúdico e dinâmico com os alunos/praticantes.

Com isso, não só o profissional de Educação Física, mas o pedagogo em geral, envolvido com esse trabalho, destaca-se e foge do estereótipo de que os únicos locais de atuação sejam quadras poliesportivas e/ou salas de ginásticas e dança. E o aluno/praticante ganha no desenvolvimento tanto no aspecto motor quanto social.

É um conteúdo de grande importância na educação formal e na pedagogia informal, pois o aluno/praticante tem acesso e conhecimento da sua cultura. E, também, na formação do professor/educador, eliminando a dificuldade de passar esse conhecimento ao seu aluno/praticante, e o conteúdo passa a ser desenvolvido de forma didática e objetiva.

Dançar na escola, no nosso caso, as danças circulares brasileiras, propicia não somente a socialização entre os alunos, mas também o desenvolvimento de diferentes aspectos (motor, social, moral e cultural) para sua formação, além de outros benefícios, como a consciência corporal, que muito contribuirão para sua formação em outros âmbitos da vida.

Assim, entendemos que a aplicabilidade desse conhecimento pode ser de fundamental importância para a formação integral do aluno/cidadão em todas as etapas da educação básica. Porém, o que se presencia ainda é um conteúdo pouco explorado/abordado nas atividades de educação formal ou pedagogia informal. Com isso, cabe ao professor ou profissional de Educação Física colocar em prática esses conhecimentos, possibilitando ao aluno/praticante um pensamento crítico sobre o tema, que envolve a cultura corporal de movimento, colocando o estudante em contato com a cultura do seu país, ampliando seus conhecimentos.

Dessa maneira, percebemos que a dança circular brasileira é de grande importância na formação educacional, seja na educação formal e/ou pedagogia informal, trabalhando com a não exclusão do aluno e na sua criatividade. No ambiente de pedagogia informal podemos verificar que a maioria das manifestações (danças) é desenvolvida em ambientes familiares, envolvendo não só pessoas da família, mas demais conhecidos, que se reúnem para relembrar ocasiões e/ou acontecimentos que perpetuam a tradição.

O trabalho do professor Educação Física, educador ou profissional da educação será nortear a prática da cultura popular brasileira, permitindo conhecimento e a criação de novos movimentos, caracterizando as danças circulares brasileiras em uma prática inclusiva que possibilita o exercício da criatividade, pois, na cultura popular brasileira, todos dançam e criam juntos, valorizando as diferenças e respeitando a sabedoria advinda dos mais velhos.

> Existem indícios de que o homem dança desde os tempos mais remotos. Todos os povos, em todas as épocas e lugares dançaram. Dançaram para expressar revolta ou amor, reverenciar ou afastar deuses, mostrar força ou arrependimento, rezar, conquistar, distrair, enfim, viver! (TAVARES, 2005, p. 93).

Ao considerar as danças circulares brasileiras como possível conteúdo educacional, estamos reconhecendo homens e mulheres como sujeitos da vida social, como participantes ativos na sociedade, que criam e modificam seus costumes de acordo com seu tempo, valorizando a pluralidade cultural que caracteriza nosso país.

O ensino cultural tem o grande poder de integrar os diferentes saberes e levá-los à discussão em diferentes grupos, dentro e fora da sala de aula. Mas para que isso aconteça é de fundamental importância a capacitação do professor para que ele tenha um novo olhar sobra a cultura popular de tradição, socializando o conhecimento, com maior atenção às manifestações culturais, como as danças circulares brasileiras, nutrindo o processo ensino-aprendizagem com uma forma diferente de ensinar e socializar o educando.

Assim, acreditamos que os trabalhos com as danças circulares brasileiras podem e devem ser reconhecidos como práticas culturais e artísticas legítimas de um povo e de grupos que formam as sociedades. E a importância da valorização dessas práticas não apenas nas escolas, mas também na educação informal, não deve ser apenas em datas especiais ou meramente como alegorias festivas. É necessário que sejam vistas com um olhar diferenciado e sejam incorporadas ao cotidiano da educação formal ou informal, possibilitando ao aluno/praticante o conhecimento dessas culturas e práticas.

11

RESUMÃO

ARARUNA

Dança do Rio Grande do Norte, também conhecida como dança da colheita do arroz, proveniente das danças aristocráticas de salão, de origem europeia. Herdada dos colonizadores portugueses, que, para proteger a plantação de arroz dos ataques deaves, costumavam espantar os pássaros gritando: "Xô, xô, xô, araruna". Assim, surgiu a dança do Araruna.

CARIMBÓ

É uma das principais danças de todo o território paraense. Em Belém é praticada em qualquer festa, religiosa ou não. É fruto da criatividade dos índios tupinambás, que introduziram ritmos de andamentos rápidos, sincopados e movimentados, influindo na música e na coreografia da dança que passou a ser agitada, com muitos giros e requebrados dos quadris.

O nome curimbó provém da origem tupi (Kori ˜ bó) formado por duas palavras curi, "pau oco" e, bó, que significa furado. É conhecida nacionalmente como Carimbó.

CACURIÁ

O Cacuriá é uma dança de roda brincada nas ruas e praças de São Luís, no Maranhão, e tem origem na Festa do Divino Espírito Santo. Após a derrubada do mastro, as caixeiras se reúnem para "vadiar", é o "lava-pratos", a que dão nome de carimbó de caixeira, baile de caixa, bambaê de caixa, dependendo da região.

Dona Teté foi a grande divulgadora da dança e criou novas canções, unindo as caixas a outros instrumentos, como violão, cavaquinho, flauta e clarineta. Segundo ela, fica mais bonito.

CANA-VERDE

A Cana-verde é dança oriunda de Portugal que se tornou amplamente conhecida em território nacional e adquiriu formas locais em cada região, produzindo variantes da dança origem. No sul do Brasil, os pares postam-se frente a frente, executam uma marcação de passos para os lados e, tomados pelo braço, giram em torno de si mesmos. Realizam o mesmo passo com os demais dançarinos, em segundo momento, trocando de pares em evoluções pelo círculo formado pelos pares.

(*Manual de Danças Gaúchas*, de Barbosa Lessa e Paixão Cortes)

CARANGUEJO

É uma dança folclórica gaúcha de origem açoriana muito parecida com o minueto. Os dançarinos podem cantar a letra enquanto executam os passos da dança. Popularizou-se em todo o território brasileiro e sobre ela existem referências datadas desde o século XIX. Dança-se aos pares, coreografando-se dois círculos concêntricos: um só performado por homens e outro por mulheres. Os círculos vão se movendo em direções opostas, oportunizando a alteração dos pares iniciais. É uma dança cantada, com letras que variam conforme a tradição popular de cada região.

CIRANDA

Dança de origem portuguesa, os passos são envolvidos por canções suaves e os movimentos executados pelos braços imitam as ondas do mar. É uma dança comunitária que não tem preconceito quanto à cor, idade, condição social ou econômica dos participantes, assim como não há limite para o número de pessoas. Quando o tamanho da roda dificulta a movimentação, forma-se outra menor no interior da roda maior. Uma das cirandeiras mais conhecidas é a Lia de Itamaracá

COCO

O Coco é uma dança de roda popular nordestina, cantado em coro e refrão, que responde aos versos do "tirador de coco". Surgiu nos engenhos de açúcar da antiga Capitania de Pernambuco (atuais estados de Pernambuco, Alagoas e Paraíba), com influências dos batuques africanos e bailados indígenas. É uma dança de roda cantada, com acompanhamento de pandeiros, ganzás, cuícas e das palmas dos que formam a roda.

SIRIÁ

Considerada uma mais famosa dança folclórica de Cametá (Pará). Do ponto de vista musical, é uma variação do batuque africano com  alterações sofridas ao longo dos tempos, que a enriqueceram de maneira extraordinária. De acordo com Cortes (2000), uma grande quantidade de siris surgiu na praia, como um verdadeiro milagre, saciando a fome de todos. A dança é uma forma de agradecer aos céus o presente o divino. E o mais interessante é que os crustáceos não ofereceram resistência ao serem apanhados. Já que chamavam cafezá para a plantação de café, arrozá, para a plantação de arroz e canaviá para a plantação de cana, passaram a chamar siriá para o local onde pescavam siris, com os quais preparavam o seu alimento.

REFERÊNCIAS

ALVES, Rita F. Dança folclórica na escola: cultura, identidade, pertencimento e inclusão. *In*: XVI CONGRESSO BRASILEIRO DE FOLCLORE, 2013. Florianópolis. *Anais eletrônico* [...] Florianópolis, UFSC, 2013. Disponível em: https://docplayer.com.br/9108729-Danca-folclorica-na-escola-cultura-identidade-pertencimento-e-inclusao.html. Acesso em: 30 maio 2021.

BORGES, Carolina de Miranda. Dança circular. Pesquisa e prática de danças circulares tradicionais brasileiras. *EFDeportes.com, Revista Digital*, Buenos Aires, ano 18, n. 184, set. 2013. Disponível em: http://www.efdeportes.com/. Acesso em: 30 maio 2021.

CIRNE, Roberto de Fraga. *Danças tradicionais gaúchas*. 1. ed. Erechim: Edelbra, 2003.

CORTES, Gustavo Pereira. *Dança, Brasil!* Festa e danças populares. 1. ed. Belo Horizonte: Leitura, 2000.

CORTES, Paixão; LESSA, Barbosa. *Manual de danças gaúchas (com suplemento musical e ilustrativo)*. 6. ed. Rio de Janeiro: Irmãos Vitale Editores, 1967.

DANÇA DO SIRIÁ, 2006. Disponível em: http://www.cdpara.pa.gov.br/siria.php. Acesso em: 06 jun. 2021.

FRADE, Cáscia. *Folclore*. v. 3. São Paulo: Global, 1991. (Coleção para Entender).

GUIMARÃES, J. Gerardo M. *Repensando o folclore*. 1. ed. São Paulo: Manole, 2002.

HORTA, Carlos Felipe de M. Marques; MANZO, Maurizio. *O grande livro do folclore*. 1. ed. Belo Horizonte: Leitura, 2000.

LEAL, Inadara Fubin; HASS, Aline Nogueira. O significado da dança na terceira idade. *Revista Brasileira de Ciências do Envelhecimento Humano (RBCEH)*, 2006.

LIMA, Meriele Santos Atanazio da Silva. *A Importância da dança no processo ensino aprendizagem:* a dança aprimorando as habilidades básicas, dos padrões fundamentais do movimento. [*S. l.*]: Equipe Brasil Escola, 2011. Disponível em: https://monografias.brasilescola.uol.com.br/educacao/a-importancia-danca-no-processo-ensino-aprendizagem.htm. Acesso em: 10 set. 2020.

MARINHO, Inezil Penna. *Introdução ao estudo do folclore brasileiro.* 1. ed. Brasília: Horizontes, 1980.

MARQUES, Isabel A. *Dançando na escola.* São Paulo: Cortez, 2003.

MEGALE, Nilza B. *Folclore brasileiro.* Petrópolis: Vozes, 1999.

MELO, André Luis. *Arte-educação e identidade cultural:* um devir criança e o cacuriá. 2009. Trabalho de conclusão de curso (Bacharel em Educação Física) – Instituto de Biociências de Rio Claro, Universidade Estadual Paulista, Rio Claro, 2009.

MAZO, Giovana Zarpellon; LOPES, Marize Amorim; BENEDETTI, Tânia Bertoldo. *Atividade física e o idoso.* Concepção Gerontológica. 2. ed. Porto Alegre: Sulina, 2004.

NANNI, Dionísia. *Dança educação:* pré-escola à universidade. 2. ed. Rio de Janeiro: Sprint, 1998.

PEREIRA, Niomar de Souza. *Folclore – teorias – conceitos – campos de ação.* São Paulo: Companhia Editora Nacional, 1986.

PEREIRA, Vivian; FOGANHOLI. Cláudia. *Danças brasileiras na Educação Física escolar:* (re)conhecendo histórias e diferentes linguagens. São Carlos: [*s. n.*], 2009.

PORTINARI, Maribel. *História da dança.* 2. ed. Rio de Janeiro: Nova Fronteira, 1989.

POSSARLE, Marcia Maria; PAULA, Denize Gonçalves de. *Danças circulares* (Formatação em transpessoal). Campinas: Instituto Humanitatis, 2009.

SECCO, Dulciléia Maria E. Gobbo. *O ensino da dança circular nas aulas de Educação Física:* uma intervenção pedagógica. Matinhos: [s. n.], 2014.

TAVARES, Isis Moura. *Educação, corpo e arte.* Curitiba: Iesde, 2005.

TORRES, Allan Kardec Sousa. *Danças brasileiras para idosos:* resgate de tradição e vida. São Paulo: Nelpa, 2013.

VERDERI, E. B. *Dança na escola:* uma abordagem pedagógica. São Paulo: Phorte, 2009.

VERDERI, Érica Beatriz L. P. *Dança na Escola.* Rio de Janeiro: Sprint, 1998.

VIEIRA, Martha Bezerra. As danças folclóricas no Brasil: diante do contexto da Educação Física escolar. *EFDeportes, Revista Digital,* Buenos Aires, ano 18, n. 189, fev. 2014. Disponível em: https://www.efdeportes. com/efd189/as-dancas-folcloricas-da-educacao-fisica-escolar.htm. Acesso em: 30 maio 2021.

WOSIEN, Maria-Gabriele. *Dança sagrada:* deuses, mitos e ciclos. São Paulo: Triom, 2002.

Sites

https://www.dancascirculares.org/dancas-circulares/. Acesso: 8 out. 2020.

http://www.brasilescola.com.

http://www.efdeportes.com/. Acesso em: 10 ago. 2020.

www.cdpara.pa.gov.br

https://www.diariodoamapa.com.br/blogs/heraldo-almeida/ conheca-a-danca-do-siria-3/

SOBRE O AUTOR

Allan Kardec Sousa Torres

Professor da UNIFMU, curso de graduação em Ed. Física (2003–2017).

Professor no curso de Pós-Graduação – Dança: arte, esporte, educação (lato sensu), UNIFMU.

Pesquisador das Danças Brasileiras.

Especialista em Fisiologia e Prescrição do Exercício.

Educador Físico Esportivo Sesc/SP.

Professor/coordenador do Grupo de Projeções Folclóricas Sementes do Brasil (2001–2002).

Integrante/pesquisador do Grupo de Projeções Folclóricas Kuarup (PA), com participação em festivais nacionais e internacionais de danças folclóricas, entre eles o 48º Festival Internacional de Folclore de Dijon – França.

Professor de Danças Folclóricas Brasileiras – Projeto Parceiros do Futuro – Secretaria de Cultura do Estado de São Paulo (1998).

Professor de Danças Folclóricas Brasileiras – Casa de Cultura da Penha – Secretaria Municipal de Cultura do Estado de São Paulo (2002).

Palestrante na Escola de Educação Física e Esporte da USP (2001); tema: "A História e a Cultura Popular – A Dança como Elemento Constitutivo".

Palestrante na Faculdade de Educação Física e Fisioterapia, da Universidade Metodista de São Paulo (2001); tema: "Danças Folclóricas Brasileiras: a cultura popular brasileira e seus valores".

Autor do livro: *Danças brasileiras para idosos: resgate de tradição e vida*, 2013.

O fenômeno do brincar – Ciência e imaginação. Coletânea de texto e trabalhos do 1º Congresso Internacional de Brincadeiras e Jogos. Autor do capítulo: "Brincadeiras, danças e folclore". São Paulo: Supimpa, 2019.

Educação Física Escolar: práticas baseadas na BNCC (livro interativo com atividades e vídeos). Autor do capítulo: "Danças do Brasil". São Paulo: Supimpa, 2019.

Representante de São Paulo do "Mapeamento da dança: diagnóstico da dança em oito capitais de cinco regiões do Brasil". A proposta do Mapeamento da Dança nas Capitais Brasileiras e no Distrito Federal surgiu no âmbito do Colegiado Setorial de Dança (CNPC/MINC), em 2010, como uma reinvindicação da área. O projeto foi apresentado pela UFBA e referendado pelo Colegiado como uma ação prioritária de diagnóstico da dança. Após quatro anos, a primeira etapa se tornou realidade pela assinatura de Termo de Cooperação Técnica n.º: 01530.001374/2014–21, entre a UFBA e a Funarte/Minc.